「為人之學」(作者篆刻)

為人之學
人文、哲學與通識教育

張燦輝　著

香港中文大學出版社

《為人之學：人文、哲學與通識教育》
張燦輝　著

通識教育叢書
　叢書主編：梁美儀

© 香港中文大學 2021

本書版權為香港中文大學所有。除獲香港中文大學
書面允許外，不得在任何地區，以任何方式，任何
文字翻印、仿製或轉載本書文字或圖表。

國際統一書號（ISBN）：978-988-237-243-6

出版：香港中文大學出版社
　　　香港 新界 沙田 · 香港中文大學
　　　傳真：+852 2603 7355
　　　電郵：cup@cuhk.edu.hk
　　　網址：cup.cuhk.edu.hk

Educated to Be Human: Essays on the Humanities,
Philosophy, and General Education (in Chinese)
　By Cheung Chan-fai

General Education Series
　Series Editor: Leung Mei-yee

© The Chinese University of Hong Kong 2021
All Rights Reserved.

ISBN: 978-988-237-243-6

Published by The Chinese University of Hong Kong Press
　　　　　The Chinese University of Hong Kong
　　　　　Sha Tin, N.T., Hong Kong
　　　　　Fax: +852 2603 7355
　　　　　Email: cup@cuhk.edu.hk
　　　　　Website: cup.cuhk.edu.hk

Printed in Hong Kong

—— 獻給吾師 ——

唐君毅

勞思光

沈宣仁

何秀煌

感謝他們對香港中文大學
通識教育的貢獻

目　錄

第一部分　人文與哲學教育

第二部分　通識教育

「通識教育叢書」總序

　　香港中文大學創校於1963年。中大從開始即把通識教育課程列作必修科，以實踐全人教育的理想。在不同的年代，大學不斷改革通識教育課程，回應社會和大學的需要。2012年學制改革，大學乘此良機推出全新通識教育基礎課程，同學必須修讀中外經典，與師友互相切磋，思考人生，探索世界。我希望在此向曾為通識課程出一分力的同事致以衷心感激，也要向撰寫和策劃「通識教育叢書」的同事和朋友致意。

　　大學通識教育部自1999年與中文大學出版社合作，出版「通識教育叢書」。出版通識教育書籍，是要傳播通識教育的精神，並以簡潔的文字，向社會人士介紹不同學科的知識。2005年起，出版的工作由鄭承峰通識教育研究中心負責，圖書的內容涵蓋哲學、物理、社會學、文化等等。這次出版的通識書籍，內容豐富，與過往的書籍比較毫不失色。這不但是中大同學的福氣，也是各位讀者的福氣。

　　撰寫通識書籍，是頗難的一樁事情。作者須引領讀者，重新審視平常生活裏很多被人忽視的東西，還要言簡意賅，解釋一些看似艱澀難懂的概念。「通識教育叢書」專為繁忙的都市人而寫，雖然不是厚甸甸的巨著，卻沒有放棄嚴謹準確的原則。我希望讀者能多用上下班乘車的機會，暫且放下手機，花一點時間閱讀這些書籍，

待作者帶領你去漫遊不同的國度、時空、文化，增廣見聞，用知識點綴生活。我相信只要你持之以恒，必能有所進益。

人生匆匆幾十寒暑，有些人淡泊自甘，有些人則汲汲於名利；有些人一生順遂，有些人卻失意無依。人生有許多的歡愉，更有不盡的無常和無奈。我們身處其中，如何進退迴旋，那需要審時度勢的機敏，鑑別善惡的明慧，以及敬讓謙和的虛心。人的稟賦各異，但我們卻可以藉教育改善自己。當然，有時間和機會多讀好書，親炙智者，那就最好不過。但生活忙碌或已離開校門的朋友不要失望，「通識教育叢書」正是為你編寫。不論你是否中大的學生，我也誠意邀請你進入通識教育的課堂，與我們談天説地。

最後，我必須藉此機會，感謝社會對中大通識教育的支持和讚譽。中大通識基礎課程獲美國通識及自由教育課程協會，頒授「2015年通識教育優化模範課程獎」。這項殊榮，使我想起當年創校先賢的遠大目光和開拓精神，以及承先啟後所須付出的努力。我們將再接再厲，貫徹中大的教育理想，以及「博文約禮」的精神。

香港中文大學前校長

沈祖堯教授

序言
大學通識教育的定性、定位

金耀基

I

大學，作為一種學術的制度，沒有比今日更受到重視。今日大學在先進的國家社會中居於一個「中心的制度」位置。大學已成為國家社會發展或國力的一個指標，就中國而言，我更認為大學是構建中國現代文明的核心力量。所以，世界上有為的國家社會都會為大學的發展投放高比率的資源。

我所說的大學是指「現代大學」，特別是現代的研究型大學。現代大學之誕生是在十九世紀的德國。在洪堡特 (Wilhelm von Humboldt) 的改革下，柏林大學把科學引入大學，且取代了神學而居於知識殿堂中的主位。以神學 (聖經) 為核心的歐洲中古大學 (也是西方最早的大學) 遂變成了以科學為核心的現代大學。此不止開啟了西方大學的現代轉型，亦催化了中國以經學 (四書五經) 為核心的古典大學 (太學或國子監) 轉化為以科學為核心的現代大學 (1898年的京師大學堂為嚆矢，1912年改為北京大學)。誠然，二十世紀以來，特別自二戰之後，美國大學結合了英國的本科教育與德國的研究所成為「研究型大學」的新模型，並成為今日世界大學的範式。

　　無可懷疑，科學之進入大學的知識殿堂是大學歷史上的最大發展。誠如哲人懷海德 (Alfred North Whitehead) 所言，有了科學，人類才進入現代。一點不誇大，科學 (包括科技) 是人類從農業文明進入工業文明之鎖鑰。科學大大擴展了人類知識的疆界。在二十世紀，科學 (自然科學與社會科學) 取得空前的發展，科學之所以有如此的大發展，則正是因「研究型大學」的大發展，科學與大學已結為知識發展的「共生體」。

　　在這樣的大學的生態下，大學的知識性格發生了根本性的變化。科學不僅取得了知識的主位，而且科學的意索 (ethos) 已日趨滲透到社會科學、專業學科 (如醫學、法學、管理學等)，甚至傳統的人文學科 (如歷史學、語言學)。所以社會學家柏森斯 (T. Parsons) 指出現代大學的課程已是一「認知性的知識叢」(cognitive complex)；更甚者，大學以科學為知識的評準，出現了一個「知識的科學範式」(scientific paradigm of knowledge, R. Bellah)。科學已不止是知識的一種，而是科學等同於知識的本身了。這是「科學主義」的知識觀。在「知性之知」膨脹而形成獨佔的形勢下，一切傳統以來講人、講人生意義與價值的「德性之知」、「美藝之知」都被邊緣化，甚至從大學退位，此一現象不啻是對以人文為核心的傳統大學的本質性的挑戰與顛覆。但是，也正因「人文教育」的危機而產生了回歸人文經典與傳統的呼聲。

　　無可諱言，今天大學在「知識之創新」上是十分成功，寇爾 (C. Kerr) 指出今天的大學已成為「知識工業」(knowledge industry) 的重鎮，但大學的「教育」卻出現了偏離人文與人文失位的現象。因此，要端正、完善大學的教育，就必須回應以下的叩問：為甚麼大學教育必須有「人文教育」？甚麼才是「人文教育」的核心？當然，這也就牽涉到大學的本質與理念，不能不作「甚麼是大學的本質？」、「大學是為了甚麼而立？」等叩問。

　　科學稱尊，人文失序，這是現代大學知識性格的一個現象。與此同時，大學的知識結構亦變得高度的複雜化與專門化，此充分反映在大學院系的分佈與科學的細密化碎片化上。任何一間世界級的研究型大學，科系動輒在50到100之數（香港中文大學有62個學系），而課目則往往達數千乃至近萬。道術之分裂，於今最烈。但我個人絕不反對學術之專門化，學術之專門化是知識發展的必由之路。學術之專精是二十世紀「知識爆炸」的必要條件，但知識之專門化是一回事，教育之專門化則是另一回事。一個莘莘學子在四年的本科教育中，如果因受到專業或職場之需要的影響，只集中修讀一個專門科系的課程，那麼他畢業之日，最多只能是一技一藝之士，與中國傳統所重的「通人」固渺不相涉，與西方博雅教育的「通才」亦是南轅北轍，因而上世紀六十年代以來，就不斷聽到「甚麼是知識人？」或「甚麼是有教養的人？」的叩問。

　　值得注意的是，現代大學，特別是美國的研究型大學，有意識地重視大學研究與創發新知的功能（在此，我想到蔡元培「大學者，研究高深學問者也」之名言），但對大學的教育，仍持有「自由教育」（liberal education）與「博雅教育」（liberal arts）的理念。事實上，在二十世紀，也正是美國的研究型大學才有「通識教育」的倡導。是的，通識教育是美國大學首先發起的。通識教育是在一個道術分裂、知識專門化的大背景下，大學冀圖實現「全人」（whole person）教育的一種本科教育設計。通識教育是美國的產物，哈佛大學的通識方案是最早也是最有影響力的，但是，歐洲大學並沒有通識教育，即使在美國本身，通識教育也有多種模式。哈佛外，芝加哥大學、哥倫比亞大學、史坦福大學，皆有稱譽於世，自具特色的通識課程。但從美國整體的實踐情形看，通識教育也不是一片榮景，通識教育一度甚至被視為是美國大學教育的「災區」。

　　因此，半個多世紀來，不時出現如下的叩問：「甚麼是通識教育的理念？」、「通識教育與大學教育是甚麼關係？」、「甚麼是最能實現通識教育理念的課程設計？」

　　講到這裡，我想再一次指出，現代的研究型大學有意識或無意識地已把大學的目的或功能定位在「創新知識」（或「研究高深學問」）與「培育人才」（或「培育好公民」）上。當然，就理想言，二者是應該並重的。但實際上，大學在「創新知識」上，可稱成果豐碩，十分優異（歷年諾貝爾獎得主絕大多數都是來自大學），但在「育人」的本科教育上，卻質疑不斷。

　　2006年哈佛大學哈佛學院前院長魯易斯（Harry R. Lewis）教授出版了《失去靈魂的卓越：哈佛是如何忘記教育宗旨的》（*Excellence without a Soul: How a Great University Forgot Education*）一書。他指出哈佛大學在研究，在「創新知識」上表現是「卓越」的，但在「培育人才」的教育上卻「沒有靈魂」了。他嚴肅地指出：哈佛已忘了「幫助他們（學生）成長，幫助他們尋求自我，幫助他們尋求生命中更多的目標，幫助他們畢業時成為更好的人。」魯易斯認為大學的教育的責任是「使學生的腦與心一起成長——使學生成為一個學識與德行兼有的青年。」他批評哈佛大學的教育說：「大學已失去，誠然，已自願地放棄，它鑄造學生靈魂的道德權威。」

　　在這裡，我應該指出，哈佛的本科教育是包含一個著名的「核心課程」的通識教育的。魯易斯對哈佛的教育「沒有靈魂」的指責不能不說也是對哈佛的通識教育的批評。這就使我們要進一步叩問：「怎樣的通識教育才能賦予大學教育一個靈魂？」

II

張燦輝教授的《為人之學：人文、哲學與通識教育》一書，分為兩部分，第一部分四文論人文教育，第二部分五文論通識教育；正是回應我上面提到有關人文教育與通識教育的叩問。根本上說，也是回應對大學教育的本質與理念的叩問。

張燦輝教授於1970年入讀中大哲學系，畢業後赴德深造，獲哲學博士，1992年應聘中大哲學系任教，其中擔任哲學系主任五年及大學通識教育主任14年，2012年退休。燦輝在中大執教20年，當中有14年的時間還同時負責中大的通識教育。就我對燦輝的認識，燦輝，作為一位大學教授，在研究著述及行政外，對教學是全心傾注的。他是把大學教育看作大學首要的任務。因此，燦輝之樂於擔任中大的通識教育主任一職是很可理解的。誠然，他認為通識教育是居於大學教育一個中心位置的。

他之所以如此看重通識教育則是因為他相信通識教育應該是人文教育的延續。而在燦輝心目中，人文教育必須「定位於大學教育的中心」。本書收錄的論文，是他對人文教育與通識教育所作定性、定位的論述。我試將其主要論點簡介如次：

張燦輝論人文教育之重點在闡釋人文學科的本質性。他首先回溯「人文學科」(humanities) 之字源，指出它根本沒有任何反科學的意思；人文與科學之兩極化是現代世界產生的現象。人文學科的意義有二，其一是人的價值理念，人之異於其他生物者在於只有人才有成就最高德性之可能；其二是課程的概念 (curriculum)，能引導人成就這種德性的「美優之藝」(*bonas artes*)。燦輝認為根本上人文學科源於希臘「派地亞」(*paedeia*) 的概念，即希臘人的教育理念——成為一個自由人及好公民。當然，燦輝很清楚中國的人文精神的傳統。「人文」這個字詞首次出現在《易經》中：「觀乎天文，以察時變，

觀乎人文，以化成天下」。燦輝引新儒家唐君毅先生的解釋：「於人文二字中，重『人』過於重其所表現於外的禮樂之儀『文』……要人先自覺人之所以為人之內心之德」。於此，中國與西方在重「人」一點上是相通的，而儒家的教育「只是要教人做人」(朱熹《語類》)則更是中國人文教育的本質性，以此，燦輝認為「人文學科就是人之為人的研究」，而他所贊同的人文學科的基本理念就是「人的理想及人文教育的理想」。基於這樣的理念，他認為必須糾正今天現代大學中「人文失序」的現象，「把人文學科重新定位於大學教育的中心」。在我看來，燦輝是把人文教育看作是大學教育之「靈魂」(我借魯易斯之語)。於此，我們也可理解他要以「為人之學」作為他的書名了。

III

通識教育的論述是本書的主題，張燦輝教授對通識教育之理念與通識課程之構思的闡釋，顯然是極之用心用力的。在本書的多篇論文中，燦輝所探索的就是通識教育在大學教育中的角色和位置。我上文說及，通識教育之所以二戰後在美國大學產生，基本上是回應大學知識的專門化 (specialization)、專業化 (professionalization) 的趨勢。燦輝認為「專門化」令學生思想偏狹武斷；專業化則只重知識的功用性價值。思想狹隘的專業人士，可能會在其專業範疇得到成功，卻不能成為真正有文化的人，但甚麼是真正有文化的人呢？在這裡我要再次提出，二十世紀大學的知識專門化、專業化固是學術文化之一變，而學術文化更為根本之變則是求「真」的科學知識壓低，甚至壓垮了求「善」求「美」的人文知識。

我上文提到二十世紀大學中，「知性之知」不斷擴張，「德性之知」已日趨邊緣化，而「德性之知」則正是關乎人生之意義、價值，

以及人間的倫理與道德秩序之建立的學問。這種學問即是古典意義的人文知識（現代的「人文學科」已不必保有古典的人文的知識性格），於此，我看到燦輝在本書的論述中，有一種強烈的回歸傳統與古典的意向（特別是「派地亞」的教育理念）。燦輝認為通識教育在大學教育中「扮演著一個相當重要的角色。一方面，通識教育能夠打破學科之間的隔膜，在零散的學科中為學生提供一個比較整全的教育；另一方面，通識教育能夠指導學生回應人生的意義、目的等問題。」

很顯然地，燦輝是把通識教育作為人文教育與博雅教育的「延續」，也即他賦予通識教育維護和實踐「人文」與「博雅」的意義與精神。燦輝是要把通識教育作為大學教育的中心的。他一再強調「通識教育在整個本科教育裡所扮演的獨特角色，通識教育一定不能視為附加的部分，而是應該體現大學教育的本質。」他特別指出，「『general education』的『general』一字，並非一般人理解的『普通、簡單』，而是取自其拉丁文原意『for all』——為所有人而設、涵蓋所有人。」這表示通識課程是為所有本科生所設的，同時，燦輝亦指出「『general』不單是指『全部』，而是『共同』。」此即大學給予所有本科生的共同課程。在這裡，他曾特別提到芝加哥大學通識教育的始創者赫欽士（Robert Hutchins）對通識教育的定性。赫欽士認為通識教育是「基礎概念的共同蓄積」（common stock of fundamental ideas），是為每所大學的本科生所必須有的。在燦輝眼中，通識教育是大學造就「全人」（full or whole person）為目標的實踐之道，他說：

> 如果通識教育忠於其目標，其課程基本上要教授給學生的並不是真實知識，而是洞察力及智慧——理解知識與世界的性質之洞察力，及有能力迎接現代生活挑戰的智慧。透過這些課程，希望能令學生成為一個全人。

IV

從上面的簡要討論中，我們可以看到燦輝對於通識教育與大學教育二者的關係是有深刻認識的。他對通識教育的理念之執著與他賦予通識教育在大學教育中的獨特角色與意義，是我認同與欽佩的。他之應聘為大學通識教育主任，可謂適當的人在適當的位置上。誠然，他在主理中大通識期間，將其對通識的理念，一一付諸實踐。今日中大通識課程從設計到執行固然有許多中大師生的參與及貢獻，但燦輝投入的心力無疑是最多的。不誇大地說，他與通識團隊把中大的通識教育推升到一個新階梯，也為中大的大學教育樹立了一個更具中大特色的通識課程的模式。

香港中文大學於1963年立校之初，即有通識教育，不止在香港高等教育中是獨創，也開兩岸三地大學界的先河。中大初始的通識教育，固然承續了新亞書院的中國的人文傳統、崇基學院的西方博雅教育，以及聯合書院的當代社會與世界的關懷，但基本上是借鑒於美國通識課程的思維與想像。中大通識課程數十年來，因應大學規模的擴大、學生人數的增長，亦時有調整。1984年，有了一次重大改革。當時通識課程規劃為「七範圍」，包括邏輯思考、中國文化、其他文化、電腦學習、藝術與人文、自然與醫學和社會科學。課程結構明顯是借鑒哈佛的「核心課程」的模式。1989年，中大原本的四年學制因政府要求改為三年學制，中大被逼採用「靈活學分制」（大多數學生在三年中達學分標準即可畢業）。因此，本科生的學習時間被壓縮了四分之一，原來通識的18學分，也相應減去了3學分，而「七範圍」則減至「三範圍」，即中國文化、分科課程和跨科課程。無疑，中大的通識教育在質與量上都受到衝擊，通識課程的理念與功能也變得模糊化了。2002年，中大成立一專責委員會，對通識教育作了全面的課程檢討，並於2003年提出了檢討的報告，自此

開啟了中大迄今實施的通識教育的方案或模式。需指出者,中大通識檢討報告,只是一基礎性的文件,如何把文件中的政策性思維轉化為具體的通識課程方案,這個重大責任就落在時任通識教育主任張燦輝的身上了。

燦輝首要的工作是為中大的通識教育定性定位。他把通識教育定性為中國的人文主義與西方的博雅教育的融合;他把通識教育定位為「體現大學教育的本質」,而不是大學教育的附加部分。但通識課程的設計又如何去彰顯中國人文主義與西方博雅教育的理念呢?為此,他真正花了心思,並且提出了極富創造性的想法。在此,我覺得我應該在序文中把張燦輝(以及他的通識教育部同事)建構中大通識教育的苦心經營作簡要地敘述並與讀者分享。燦輝顯然並不滿意目前美國大學中的通識教育的諸種模式。首先,他主張擺脫「傳統通識教育分佈的必修課程或核心課程」的做法,他因受到當代新儒家唐君毅先生〈人文學術與自然科學、社會科學之分際〉一文的啟發,主張把通識課程改為「探究人類智性關懷的四範圍」。顯然,他認為這「四範圍」是「人類存在的基本智性關懷」,亦即「我們應該知道自身文化傳承與自然、社會以及我們自身的關係」。「四範圍」是(1) 文化傳承;(2) 自然、科技與環境;(3) 社會與文化;(4) 自我與人文。[1] 燦輝指出,「通識課程不是以學科為基礎,而是基於與人類智性關懷的相連性」。燦輝一定相信通過「人類智性關懷的四範圍」的課程設計將有助於莘莘學子對「知識的整合性」的探索與掌握。中大這個通識課程的新方案,獲得了大學所有學院共45個部門的參與,列入「四範圍」的課程已超過240個。

1　編按:此四範圍的名稱是按2003年檢討委員會報告而定的四個知識範疇;2006–2007學年起,四範圍的名稱修改為「中華文化傳承」、「自然、科學與科技」、「社會與文化」、「自我與人文」。

誠然，中大通識教育改革的新方案是一項重要的學術與教育工程，這項工程也不只是課程之設計，它還包括課程設計的審核及監督，並且每三年本身都要進行一次檢討，還要每三年邀請校外專家來校作宏觀的評估。

2006年，香港政府決定把全港的大學學制由三年轉為四年，以與美國和中國內地的學制接軌，這一轉變自然影響到全港的大學教育。最簡單也最重要的事實是大學的本科生都有了多一年的學習時間，對中大言，這是失而復得的好事，但也因此中大的本科教育必要按比例的增加課程。依同理，中大通識教育也獲增加六個學分的課程。根據中大教務會的決定，任通識教育主任的張燦輝教授獲委派設計新增的一年級的六個學分的通識課程，這樣由燦輝任召集人的工作小組就當仁不讓地負起這項任務。小組首先認定新增的兩門課程應與中大現行的通識教育理念保持一致，亦即課程內容應強調「人類存在核心和人類與世界的關係」。再則，小組把兩門課程定位為通識教育「四範圍」的「基礎課程」。他們又為這兩門通識教育的基礎課程設定了五個目標：(1) 培養學生共同的智力和文化基礎；(2) 養成對人類生存議題的敏感度；(3) 增加學生之間的智性對話；(4) 培養學生主動學習所必須的態度和技巧；(5) 為將來學習奠下穩固基礎。我不能不說他們賦予了這兩門基礎課程極大的任務，當然也反映他們對這二門課程懷有無比的熱情與期待。

燦輝與他的小組同事，經過了反覆討論、驗證，最後把兩門基礎課程定為「與人文對話」和「與自然對話」。「與人文對話」課程分為三個主題，即 (1) 自我與人的潛力；(2) 信仰與人的限制；(3) 理想社會。「與自然對話」課程亦有三主題，即 (1) 探索物理宇宙；(2) 探索生命世界；(3) 對於人類認知的認知。如果我們細讀兩門課程中的六個主題，應該會同意這六個主題是探討人與人文及自然世界的

重要課題。我個人認為燦輝和他的小組的設計是甚富智性的想像力的。毫無疑問，他們最有「智力想像」的是「回歸經典」的建議。他們建議把經典選篇作為兩門通識教育基礎課程的「核心文本」，我們發現他們提議的經典選篇所包括的是中外古今的經典。在人文領域中有：柏拉圖的《會飲篇》、《論語》、《莊子》、《心經》、《聖經》、《可蘭經》第二章〈黃牛〉，黃宗羲的《明夷待訪錄》、馬克思的《1844年經濟學哲學手稿》等。在自然領域中有：牛頓的《自然哲學的數學原理》、達爾文的《物種起源》、沃森的《DNA：生命的秘密》、李約瑟的《中華科學文明史》、沈括的《新校正夢溪筆談》及歐幾里得的《幾何原本》等等。當然，我們對於小組所認定的經典選篇，可以有不同的竟見，但整體上說，這些選篇都是來自經過時間考驗的經典。

這兩門通識基礎程是為3,500個中大本科新生設計的，是必修課，必須合格才能畢業。可以說，「與人文對話」與「與自然對話」這二門課程是中大「四範圍」通識課程的兩塊柱石。燦輝與他的同事為了穩固這兩塊柱石，對課程的設計真花了大工夫。這兩門都是三學分的課程，其中一個學分是以經典為本的「講座課程」，由講師講釋經典，以助學生之進入經典文本。其餘二個學分則把重點放在「對話」上，包括講師與學生之間的對話、學生與學生之間的對話。為了使對話有實際意義，班級的規模必須要小，每班人數上限為25人，由主修不同科目的學生組成。

這兩個對話課程於2012年9月在中大全面推行，當時還聘請了27位擁有不同博士學位的年輕講師加入教學團隊，更有不止兩名退休的資深教授也願意承擔教授部分課程。據知，中大一年級的學生，雖感負擔很大，但並沒有收到過對課程的投訴。

我之所以在序文中要用許多篇幅講述中大通識教育課程設計，實因我覺得張燦輝教授與他的通識團隊對中大通識教育作了認認真

真、極有創意的努力與貢獻。如我上面所言，這是一項重要的學術與教育的工程。誠然，他們為中大設立了「獨家的通識教育課程」，這個中大通識課程很得中國和世界學界的讚賞；事實上，燦輝自中大退休後三年，它獲得了美國通識及自由教育課程協會「2015 年通識教育優化模範課程獎」(中大是首間美國以外的獲獎院校)。2016年又榮獲香港教資會「傑出教學獎」。當然，燦輝是知道的，通識教育並非世界的大學所共有(歐洲大學並無通識教育)，在有通識教育的大學中，對通識教育的意義、目的，亦無共識，對通識教育的課程設計更無一個放之四海而皆準的方案。因此，為「通識教育」定性、定位是每所有作為的大學為完善整體「大學教育」必須縈繞在心，持續檢討、反省的大事。我毫無猶豫地說，張燦輝教授與他的團隊為中大通識教育所做的定性、定位的工作傑出而富於真、善、美三維的智性想像。如燦輝的書名所示，中大的教育理想與目標是「為人之學」。是為序。

香港中文大學前校長、社會學系榮休講座教授

金耀基

2021 年 2 月 18 日

序言
通識教育與教育理想的追求

梁美儀

認識張燦輝教授轉眼已快半個世紀，而與他共事，一同為通識教育事業奮鬥亦超過二十年。今天蒙他囑咐為他的通識教育論文集作序，既感榮幸，也感觸良多。

香港中文大學成立於 1963 年，至今未及一個甲子，算不上歷史悠久；然而大學自創校以來，通識教育即為體現中文大學獨特性的其中一個關鍵。在大學成立首六年的報告書中，創校校長李卓敏清楚指出中文大學要界定自身的特質，以及規劃自己的學術道路，而大學其中一個重要使命，就是要發展學生的領袖才能，讓學生在專科教育以外接受自由教育（liberal education）。自由教育落實為以人文和基礎科學為主的博雅教育（liberal arts），「為人人所應有，因此應包括於全部學生各年級的教育計劃中」。[1] 這個包括全部學生的教育計劃，後來就被稱為通識教育（general education）。

通識教育作為高等教育課程概念，在十九世紀二十年代末已在美國提出，兩個世紀來經歷了不少高峰與低谷。在美國，通識教育發展史上有過三次所謂通識教育運動，不過至今無論在理念的定

1　The Chinese University of Hong Kong, *The First Six Years 1963–1969: The Vice-Chancellor's Report* (Hong Kong: The Chinese University of Hong Kong, 1969), 6.

義、教育的內容，以至人才培養的模式各方面，都還沒有統一的共
識。1977年，美國卡耐基基金會在有關大學課程的報告中指出，「沒
有一個課程概念像通識教育一樣成為美國大學悉力建設的重心，也
沒有一個概念像它那樣難以達到共識和得到理解。」[2]到今天，努力
於建設通識教育的已不限於美國大學，但對通識的理解，尤其是怎
樣才是好的、有效的通識教育，還是人言人殊。

　　通識教育的定義之所以莫衷一是，主要原因是它本身並不是一
個有確定內容的學門。十九世紀美國大學教育性質出現巨大轉變，
傳統博雅教育受到德國研究型大學模式的衝擊，課程走向精專的學
科研究；與此同時，由於社會發展所需，在聯邦政府支持下，又出
現了一批以職業為導向、開設實用學科的州立大學。精專研究與職
業導向兩個發展的方向雖然不盡相同，但兩者都令大學體制相應轉
變，專科院系成為大學教研制度依託的骨幹。提倡學生在專科學習
外要修讀通識教育，可以說是現代大學教育發展大趨勢中的一股逆
流。雖然在上世紀二、三十年代，美國頂尖學府如紐約哥倫比亞大
學、芝加哥大學、哈佛大學等先後建立通識教育課程，一般大學亦
相繼開辦，可是各大學的通識教育形式各異，實施的必要性和成效
亦備受關注，引起廣泛討論。雖然它得到不少教育家極力提倡，甚
至聲稱通識教育應在大學教育中擁有中心地位，[3]事實上，精專才是
大部分大學和教授的核心關注，通識教育不過是「新校長、雄心勃勃

2　The Carnegie Foundation for the Advancement of Teaching, *Mission of the College Curriculum: A Contemporary Review with Suggestions* (San Francisco: Jossy-Bass Publishers, 1977), 164.

3　1982年，曾任美國加利福尼亞大學柏克萊分校首任校長和加利福尼亞大學系統主席的克拉克‧克爾 (Clark Kerr) 訪問香港中文大學崇基學院，即作了一次題為「The Centrality of General Education」的演講。C. Kerr, *The Centrality of General Education* (Hong Kong: Chung Chi College, 1982).

的院長和善意的人文主義者的喜愛的話題……作為對自由學習理念象徵性的支持。」[4]上述卡耐基基金會的報告就稱通識教育是「身處困境中的理念」(an idea in distress)[5]，更說「如果大學不能界定通識教育的目的、不能說明學生從學習中如何得益、和不能開設有效的通識課程，他們就應該認真乾脆考慮把它取消。」[6]在這種情況下，我們會問，通識教育為甚麼還可以存在？它的存在有甚麼意義？

通識教育的存在理由可從它唯一的、廣為接納的定義去理解：通識教育是非專業性、非職業性的教育。這個反面定義，說明通識教育是因應專科教育的欠缺或不足而出現。精專學習使學生對某一學門的知識有較深入的理解，但這是不是就大學教育的全部？哈佛大學在1945年著名的《自由社會中的通識教育》報告書(*General Education in a Free Society: Report of the Committee*)中批評，著重特殊技術和才能發展的課程，既未能觸及人作為一個個體的情感經驗，也不能造就人作為群體的實踐經驗；而通識教育則恰恰要建立在對人尊嚴的信念和人對同類的責任承擔的基礎之上。[7]如果我們綜合不同論者對通識教育正面特質的論述，例如「對所有人的教育」、一種「大學理念」、「教育理念」、培養「健全的人」、「有教養的人」[8]等等，就

4　F. Rudolph, *Curriculum: A History of the American Undergraduate Course of Study Since 1636* (San Francisco: Jossy-Bass Publishers, 1977).

5　The Carnegie Foundation for the Advancement of Teaching, *Mission of the College Curriculum: A Contemporary Review with Suggestions*, 164–185. 報告書第八章的標題就是「General Education: An Idea in Distress」。

6　同上註，頁184–185。

7　Committee on the Objectives of a General Education in a Free Society, *General Education in a Free Society: Report of the Committee* (Harvard: Harvard University Press, 1945), vii, 46, 51.

8　李曼麗：《通識教育——一種大學教育觀》(北京：清華大學出版社，1999)，頁13–17；龐海芍：《通識教育：困境與希望》(北京：北京理工大學出版社，2009)，頁23–35。

可看見五花八門的論述背後，共同的指向是教育不應該只是專門知識或技術的傳授，而應該有更高遠的理想，就是人的培育。至於對培育怎樣的人和培育的方法和形式應該怎樣，不同院校可以有不同的演繹。中文大學成立之際，提出所有學生要在專業教育外學習博雅教育，就是把學生品質的培養和對社會文化責任的承擔作為香港中文大學的教育使命，而且這使命並不單來自西方的大學傳統：教育是育人的理念在中國文化中也源遠流長。[9]

燦輝教授是一位對大學教育充滿理想與熱情的學者。他投身通識教育，一方面因為他本身就是一個多才多藝、興趣廣泛的現代「文藝復興人」；而更重要的是，他自始至終都堅持教育是人的教育：教授知識和技術固然重要，但教育的中心應是人本身，而且是活在具體的文化世界中的人。學問是分科的，但人在世界的存在是整全的；分門別類的知識可以幫助我們分析整理人類經驗的某些面向，但只有體現人文理念的通識教育才能豐富學生對生命的了解。燦輝教授並不反對專才或專業教育，他只是認為專才和技術培育應有廣闊、博雅形式的人文主義教育作為基礎。

燦輝教授的教育理想主義並不僅僅建立在書本知識上，他更從自身存在的具體文化世界中汲取養分去建構這理想。身為香港中文大學崇基學院的哲學系本科生，他一方面總結自己修讀崇基學院「綜合基本課程」（Integrated Basic Studies〔IBS〕，由沈宣仁教授設計的通識課程）的經驗和得著，同時反思哲學系唐君毅先生新儒家理念中有關人的學問與人的存在等問題，整合為一種兼具西方自由教育傳統與中國人文精神的通識理念；在 2003 年通識教育的全面檢討中他提

9　The Chinese University of Hong Kong, *The First Six Years 1963–1969: The Vice-Chancellor's Report*, 6.

出以人類知性關懷的四個面向來統整當時約二百科的通識教育科目
為四範圍。使學生在每範圍修讀最少一個學科後，對每一個知性面
向都有所涉獵和思考。

燦輝教授又非常注意香港及香港以外包括美國、台灣、中國大
陸等各地大學的通識教育發展。除了不時和各大學的通識教育學者
交流外，他在 2006 和 2007 年領導了包括我在內的團隊分別探訪中國
與美國的重點大學，以實地考察和訪談的形式較全面地了解各大學
通識教育課程的構思、管理和操作。當時我們正為中文大學重回四
年制增加六個學分的通識課程作準備，希望在分佈選修的四範圍外
加上一個所有學生共同必修的核心課程，以閱讀中外經典引領學生
認識和思考不同文化中的人文與科學的大課題。探訪充實了我們對
建設核心課程細節的理解，在往後訂立經典教材的選定標準、確立
小班授課模式、建立教師團隊等等環節上，都提供了寶貴的參考素
材，大大影響了新課程的建構。

燦輝教授同時強調於校園內外建立通識文化的重要性。面對大
學師生和公眾的「通識沙龍」、推廣閱讀文化的「讀書會」，以及以參
與通識教學的老師和管理人員為對象的「通識午餐聚會」，亦在他作
為通識教育主任的任內推出，一直延續至今。

歷史上通識教育的起落，除了從事通識教育人員的努力外，亦
和政府、大學領導層、校內師生社群以至社會大眾怎樣理解大學教
育的目的和通識教育的意義有關。今天香港社會上對通識教育有各
種各樣不同看法以至誤解，燦輝教授將他多年來從事通識教育建設
的反思和心得結集成文，從教育理想的高度論證通識教育的意義，
是十分適時的。他對通識教育的討論，是以他對中西文化和哲學思
想廣泛的涉獵和洞見為基礎，結合了他對香港特殊歷史文化脈絡的

經驗和掌握，豐富了建設通識教育的想像；而他對推動通識教育方方面面的貢獻，在本書中亦得以印證。最後，本書收集的論文，也可為討論通識教育應有的價值和探討未來發展路向提供紮實的論據和起點，希望大家細讀後，能引起新一輪的對通識教育作為人的教育的討論和關注。

香港中文大學大學通識教育主任

梁美儀

2021 年 7 月

前言

我於 1970 年入讀香港中文大學崇基學院，哲學本科畢業，完成研究院課程後到德國唸博士，1992 年初回母校任教，其後擔任哲學系系主任 5 年及大學通識教育主任 14 年，直到 2012 年退休。教授哲學和負責通識教育是我在中大的主要工作。哲學教育，不止於傳授哲學知識，而是開啟同學透過中西哲學傳統反省宇宙和人生。重點不是記誦柏拉圖、康德、莊子或朱熹的思想來應付考試和撰寫論文，而是如何面對當前的處境、困擾和人生價值的疑惑。簡單來說，哲學教育的目的，依古希臘哲學家亞里士多德所言，應為「如何成為自由人和良好公民」。大學通識教育是大學精神的實施場所，並不只是課程內容的安排，讓本科同學可以不囿於專業知識而涉獵其他學科的所謂「分佈課程」(distributive curriculum)。中文大學校訓為「博文約禮」，加上新亞書院的中國人文精神和崇基學院的西方博雅教育傳統，便成為中文大學通識教育的哲學理念之基礎。哲學和通識教育的目的就是如何成就一個有獨立思考、自主、關懷社會文化的自由人。是以本書以《為人之學》作為書名。

本書所收集的文章，是我過去二十年來在母校任教哲學和通識教育時的一些紀錄，反省人文學科、哲學課程到通識教育的種種問

題，並在不同場合所發表的文章。全書分三部分：「人文與哲學教育」、「通識教育」及「附錄」。文章次序的安排並非按照發表日期順序，而是以我多年來關心的課題作為主軸。因為在不同場合談及共同問題，尤其我在談及大學教育的理念和危機、通識教育理念和中文大學的通識教育課程時，在不同章節的文章內容難免有所重複，但這些在面向不同場合和讀者所作的評論也反映出多年來我對這些課題的信念未曾改變。

第一部分「人文與哲學教育」，是我對人文學科和哲學教育的反省。人文學術 (humanities) 與人文學科或人文科學的根本差異，在於前者是西方古典傳統引發對「人文」的思考，廣義來說是哲學反省，而不是學科的建立。至於人文學科或人文科學，則是近世大學的分科現象。無論如何，三者都有共同關心的中心 ——「人之為人的學問」。從這意義來看，哲學教育和通識教育和人文學術便有不可分割的關係。是以這部分以反省「人文學科」為主，但貫徹在我談通識和哲學教育之中。

第二部分「通識教育」的重點是建立中文大學通識教育課程背後的理念和實踐。確定通識教育作為大學理念實踐的場所是我最重要的信念，多年來大學的通識教育改革都從這個信念出發。無論是受唐君毅老師所啟發的四智性範圍課程，或後期通識教育基礎課程，都以如何轉化「人之為人」的理念為實際課程，以實現我相信的大學理念為目標。〈通識教育與人生問題〉是我如何構思將人生存在問題轉變成通識教育課程的嘗試，文中提及的幾科都是由哲學系提供的通識教育科目，至今仍有開授，並得到不少師生的肯定。當然，我已沒再任教這些科目，而科目內容與時俱進也有所改變，但基本方向則一。最後一篇〈從四範圍課程到對話課程〉可算是我在中文大學作為大學通識教育主任服務14年的一個總結。「四範圍」和「對話課

程」是中文大學有別於其他所有大學的通識教育課程，是我們引以為
傲的「中大模式」。

第三部分「附錄」的文章是補充這段改革過程的研究報告，其中
〈唐君毅銅像與中文大學〉的訪問補充了唐先生的人文思想與中文大
學理念的相關性。

我大半生在中文大學渡過。從學習、研究到教學和處理行政工
作，有幸受到不少老師的錯愛和鼓勵、朋輩的支持和幫助。業師沈
宣仁院長在崇基本科一年級教授大學理念和他的教學熱誠，尤其是
他對人文和自然知識的追尋，是「文藝復興人」的典範，使我終生
受益良多。何秀煌老師對中文大學通識教育的肯定和規範性之確
立，使我從他手中接任大學通識教育主任時可在堅實的基礎上繼續
工作。但在我理解大學和通識教育的理念和實踐上，最重要的是受
到金耀基教授的啓發。他《大學的理念》一書為所有華人大學通識教
育工作者必備的經典，我在思考大學精神和通識教育的課程發展
時，很多方面都從他的思想引發出來。如今他願意為拙作寫序，更
是感恩。

14年大學通識教育主任的工作可算是我教學生涯中較滿意的一
部分。中文大學通識教育有今天的成就，主要原因是在於各崗位參
與者的無私奉獻，熱誠參與。任期中多次課程改革和變更，若缺乏
校方和同事的支持，根本不可能成功。金耀基校長和楊綱凱副校長
對通識教育的執著是中大通識教育改革成功的首要條件，沈祖堯校
長對通識教育基礎課程的信心至為重要，但最難得的是大學通識教
育部上下同事的積極參與和推動，其中特別要致謝的是梁美儀教
授、崔素珊女士、吳曉真小姐和趙茉莉博士，與他們共事多年是我
的榮幸。

　　這本書能夠順利出版，首先感謝通識教育叢書編輯委員會的推薦和修改意見，致謝香港中文大學出版社和編輯張煒軒先生的協助，最後感謝鄭承峰通識教育研究中心林綺琪小姐費心整理文稿，以及大學通識教育主任梁美儀教授在百忙中仍為拙作寫序。

2021 年 3 月 31 日

第一部分

人文與哲學教育

第 1 章

人文學科與通識教育[*]

古典人文學科的基本涵義

人文學科是甚麼？根據牛津英語詞典，人文學科是指有關人類文化的學問或文學研究；此一術語包含不同類別的優雅學問，例如文法學、修辭學、詩學等尤其是希臘及拉丁語言的研究。顯然，這個定義一方面太寬鬆，另一方面又太狹窄，對我們的討論可謂幫助不大。事實上，社會學和人類學所關注的亦是人類文化的問題，但我們很難將這兩門學科歸入人文學科的範疇內。如果人文學科所指的只是希臘及拉丁語言的研究，那麼許多被視為人文學科的科目都會被排除於這個領域之外。

美國國家人文學術基金會（National Endowment for the Humanities）有關人文學科的定義能為我們提供一個較為清晰的概念：

> 人文學科尤指一思想方法、學術範疇。人文學科之科目從經典著作研究到分析當代問題不等；研究方法包括個別的學科研究及綜合科際研究兩方面。人文學科包括（但不限於）：歷史、哲

---

[*] 　原文載於《陝西師範大學學報（哲學社會科學版）》，29卷1期（2000年3月），頁5–13。

學、語言、語言學、文學、考古學、法學、文藝批評與歷史、
倫理、比較宗教，以及以歷史和哲學方法為研究進路之社會科
學；而最後一類則包括政治理論、國際關係及其他關注問題之
「質」及價值多於關注其研究方法之科目。[1]

事實上，將以上學科羅列出來，並未能引領我們深入了解人文學科
之真確意義。然而，透過人文學科之對立面—科學，尤其是自然科
學，卻能為人文學科之意義提供一個指標。人文學科是以歷史和哲
學方法為研究進路，所關心的是有關人類生活與文化之「質」與價值
的問題；至於客觀與「量」之問題則屬於自然科學的研究範疇。人文
學科與自然科學是兩種截然不同的科目，前者是主觀和思辨的，後
者則是客觀和實在的。英國作家斯諾 (C. P. Snow) 在很久以前已經指
出將這兩種文化截然劃分所產生的危機。[2]

如果我們回溯「人文學科」(*humanities*) 之字源，會發現根本沒
有任何反科學的意思。文藝復興時期，所謂「人文學習與課程」
(*studia humanitatis*) 除了指文學、藝術及哲學外，還包括自然科學的
研究。因此，人文學科與自然科學的兩極對立可說是現代世界產生
的現象。[3]

西方人文學科的意義是植根於古代傳統的，後來則發展成人
的理念與教育的理念。「人文學科」(humanities) 一詞源自拉丁文

1　"About the National Endowment for the Humanities," National Endowment
for the Humanities, https://www.neh.gov/about.

2　Charles P. Snow, *The Two Cultures and the Scientific Revolution* (New York:
Cambridge University Press, 1959).

3　Robert E. Proctor, *Education's Great Amnesia: Reconsidering the Humanities from
Petrarch to Freud with a Curriculum for Today's Students* (Bloomington: Indiana
University Press, 1988), 20.

humanitas。公元二世紀，羅馬哲人烏斯格利 (*Aulus Gellius*) 為人文學
科提供一明確的定義：

> 説拉丁語的人及正確使用拉丁語的人都沒有賦予人文學科一般
> 人所認為應該具有的意義，例如他們沒有將希臘人稱之為
> *philanthropia* 的概念賦予人文學科一詞 (*philanthropia* 指一種友愛
> 精神，涵有以持平友善的態度對待他人的意思)。但是，他們
> 卻賦予「人文學科」一詞希臘「派地亞」(*paedeia*) 之概念，其意為
> *eruditionem institionemque in bonas artes*，即「美優之藝的教育與訓
> 練」的意思。熱切渴望追求美優之藝的人可謂最具人性
> (*maximihumanissimi*)。在所有動物之中，只有人類會追求美優
> 之藝的知識與訓練，因此，美優之藝被稱為 *humanitas*，即人文
> 學科 (humanities)。[4]

在本文的討論中，人文學科的意義由兩個相關概念決定。這兩
個概念對了解人文學科可謂最重要。其一為人的價值理念，人與其
他生物不同之處在於只有人有成就最高德性之可能，即所謂
「*humanitas*」。其二為課程的概念 (curriculum)，能引導人成就這種德
性的美優之藝 (*bonas artes*)。因此，人文學科包含兩個概念：一是人
之理想；二是人文教育之課程。然而，有關人的理想與這些課程的
具體內容卻未清楚言明。教育是以培育人之德性為目的，使之成為
一完全的人。在古典時期，有兩類典範代表這種完全的人 (或最具人
性的人)，即亞里士多德 (Aristotle) 所言的哲學家與西塞羅 (Marcus
Tullius Cicero) 所言的演説家。無論如何，哲學家與演説家並不是兩
個完全對立的概念。事實上，兩者都是源自「派地亞」的概念，即希

4　R. S. Crane, *The Idea of the Humanities* (Chicago: University of Chicago Press, 1987), 23.

臘人的教育理念——成為一個自由人及好公民，兩者之區別只在於何者是優先取決的人生目標：為知識而追求知識的自由人？還是克盡公民責任的好公民？兩者何為衡量美好人生的終極標準？

所謂自由，一方面指人能從無知、獨斷、狹隘、傲慢中解放出來；另一方面則指透過哲學反省，有追求智性及反思人生之自由，以獲得人生最大的幸福。[5]對於亞里士多德來說，追求知識乃人類最基本、最深層的自然性向。這個論斷與他有關人類的著名定義——「人是能言善辯的動物」(*zoon logon echon*) 可謂息息相關。人的終極目的是透過形而上的知識實踐其潛在的理性。正如他在《尼各馬科倫理學》(*Nicomachean Ethics*) 中所言，這就是幸福。直到今天，知識的自足價值與哲學家的模範依然是衡量人文學科之意義的兩個最重要準則。

此外，西塞羅與昆體良 (Marcus Fabius Quintilianus) 都認為，除非知識有助於人成為演說家，否則它沒有任何自足價值可言。在西塞羅時期，演說家的地位可謂出奇地高。演說家不僅是口才了得、能言善辯的演說者，更是社會的領袖。在公開場合，正確使用語言是演說家最重要的政治利器。西塞羅在《論演說術》一書中說：「我認為不磨練對成為自由公民有幫助之『藝』的人，不應歸入演說家的行列」。這裡強調人文學科—博雅之藝 (*artes liberale*) 的實際作用為演說家的基本要求。作為好公民及政治領袖，演說家不僅應具有理論知識，還應具有美德。昆體良說：「我們所培育的完美演說家必須是好人，因此我們除了特別要求他有演說才能之外，還應具有美

5　Martha C. Nussbaum, "Historical Conception of the Humanities and Their Relationship to Society," in *Applying the Humanities*, ed. Daniel Callahan, Arthur L. Caplan and Bruce Jennings (New York: Plenum Press, 1985), 3–28; Bruce A. Kimball, *Orators and Philosophers: A History of the Idea of Liberal Education* (New York: Teachers College Press, 1986).

德」。[6]這種人文學科之德性，依然是聲稱接受過人文教育的知識分子的基本原則。教育的真正目的就是服務社會。

　　文藝復興時期，「*studia humanitatis*」的概念即承繼這個傳統。十五世紀一位人文學者列奧納多・布魯諾 (Leonardo Bruni) 指出，人文學科的意義乃是古代遺產的反響。在一封寄給朋友的信中，布魯諾勸勉他的朋友多花點時間學習人文學科。在信中，他說：「你所學習的應包括兩方面：第一是有關語言與文學的修養 (*litterarum peritia*)。但這並不是一般隨意的學習，而是要更認真更深入地研究。我很希望你具有這方面的專長。第二是有關人生與德性的知識。由於兩者都是尊重人，使人成為完美的人，因此稱為人文學科」。[7]以上有關人文學科古典概念的簡略描述，足以幫助我們理解人文學科之意義，人的理想與導向實踐這種理想的課程。

　　假如我們追溯中國傳統人文學科的意義，會發覺它與西方的概念有顯著的相似性。在中國傳統中，「人文」這個字眼首次出現在《易經》一書中：「觀乎天文，以察時變，觀乎人文，以化成天下」。這裡並不是指一般的人文活動，而是指一特定的道德活動。新儒家唐君毅先生解釋：「(中國傳統)於人文二字中，重『人』過於重其所表現於外的禮樂之儀『文』，而要人先自覺人之所以成為人之內心之德，使人自身先堪為禮樂之儀文所依之質地」。[8]這點與儒家教化的概念相照應，目的就是修己治人。

6　Kimball, *Orators and Philosophers*, 12.

7　摘自 Robert E. Proctor，轉引自 Kimball, *Orators and Philosophers*。布魯諾時代的人文學科乃源自中世紀「七藝」(*septem artes liberals*) 教育，七藝中三科是有關語言的：文法、修辭及邏輯，其餘四科是「科學」學科：算術、幾何、音樂與天文學，參看 Kimball, *Orators and Philosophers*。

8　唐君毅：《中國人文精神之發展》(台北：學生書局，1974)，頁 25。

克萊恩：作為人文之藝的人文學科

克萊恩 (R. S. Crane)《人文學科之理念》(*The Idea of the Humanities*)一書可說是當代同類著作之經典。他在書中深入分析人文學科的概念從羅馬時代的西塞羅開始，經歷文藝復興時期至近代的轉變經過，並且指出，雖然人文學科一直都是以人的理念為核心，但其理念的意義與課程的內容則不斷地改變。最後，他對人文學科的理念作一明確說明：「有一觀點認為，單靠學習某門科目或追求某一抽象目標，都不足以確定人文學科的意義。要確定其意義，必須以某種方法正確地培育某種『藝』或某門學科的修養。這使此種『藝』或方法上的人文精神統攝於其獨有能力之下，以處理能使人完全與動物區別開來的人類體驗。其目的就是使人之為人能盡量體現潛能」。[9]現代的知識分門分類，克萊恩所持的觀點與此剛好相反，他並不認為人文學科和自然科學或社會科學是兩種完全不同的知識體系。他認為所有研究人類成就 (無論是自然科學、社會制度或藝術) 之方法進路與精神方向，都具有人文學科的基本性質。例如，某人是某門「藝」之學科的老師，假如他以非人文方法為其研究進路，他就不能聲稱自己具有人文精神。事實上，問題並不在於教授甚麼，而在於如何教授。[10]根據克萊恩所言，「人文學術之方法或人文之藝有四組原則：(1) 語言之藝；(2) 理性概念之藝；(3) 文藝批評之藝；(4) 歷史知識與理解之藝」。[11]他指出，「這四種『藝』就是人文學科之藝。由於在不同程度上所指的都是人文學術一般要探討的課題，這四種『藝』都超越了所有學科分際之界限。正因它們是各種不同類別的科目的總體結合，使得此一學科完全具有人文精神；正如在任何科學

9　Crane, *The Idea of the Humanities*, 7.
10　同上註，頁5。
11　同上註，頁9。

的範疇內，我們所獲得的科學知識與我們所學習到的成正比地達到
極點。不僅是部分，而是要依靠所有不同類別的技能，才能構成我
們籠統稱為的科學方法」。[12]

在這方面，克萊恩重申西塞羅有關做人意義的論斷，「只有在人
文學科方面有過適當磨練的人才能稱為真正的人」。[13]克萊恩指出，
各種不同知識的學科之間沒有形而上之分別界限。物理學與文學所
研究的課題固然不同，但如果我們透過人文之藝來研究物理學，便
會發現物理學的人文精神並不下於文學。理由是，兩者都是人文精
神之重大成就。克萊恩的觀點與一般人完全不同。一般認為人文學
科的威脅來自科學，但克萊恩卻認為此種威脅來自教條主義（或稱獨
斷論）宗派主義及還原主義。教條主義對人類成就的多樣化感到盲
目，令人墜入無知的深淵中。還原主義則否定人文主義的本質，將
所有精神價值都還原為最基本的分子。例如，無意識、階級鬥爭、
經濟力量等。[14]最後，克萊恩的結論是，「每當我們以探索及解釋的
方法，把注意力集中在任何具有以下特質的課題時，我們即在研習
人文學科。(1) 能反映任何優越性之可能的東西；(2) 超越當下自然
與大眾心靈所需的東西；(3) 各種人類活動所固有的東西」。[15]無論
如何，克萊恩以上的論斷並未能引領我們深入了解今天人文學科的
問題。他只是將人文學科於方法上的取向與其內容區分開來。對克
萊恩來說，科目本身沒有問題。他強調人文之藝，如語言、理性、
文藝批評和歷史理解等，都是發展人類智性的必須條件。事實上，
這些藝本身即為人類的成就，並且是傳統意義上的人文科學的科

12　同上註，頁10。

13　Proctor, *Education's Great Amnesia*, 19.

14　Nussbaum, "Historical Conception of the Humanities and Their Relationship to Society," 14.

15　同上註，頁15。

目：語言學、哲學、文學、藝術和歷史。筆者贊同克萊恩強調人文學科的重要性，但認為我們不能把人文學科的內容相對起來視為任何東西，人文學科與其他科學之間確有一分界線。

普羅克特：回歸古典傳統的人文學科

二十世紀八十年代的學術氣氛與克萊恩時代不可同日而語。大學學位激增，加上科技與商業發達，對大學教育（尤其是人文學科）造成極大的挑戰。美國的阿倫·布盧姆不單將人文學科的衰落歸因於外在因素，例如大學水平下降、極端平等主義、反精英主義和科技發達等，還將人文學科的危機歸咎於人文學術道德上的腐敗以及人文學科教授的無能。[16] 他分析道，「人文學科的教授的反應是令人失望的。他們覺得自己無關重要……人文學科陷入嚴重的危機中。首先，沒有人能確定人文學科是甚麼。這一領域變得莫名其妙……大學人文學科的部門只是一堆缺乏遠見的部門，人文學科的教授沒有解釋他們所追求的是甚麼知識，也沒有解釋他們對全人教育有甚麼貢獻。他們充其量只能帶點虛假自大的口吻聲稱自己代表文化」。[17] 以上苛刻的批評，或許有點誇張，但筆者認為他所批評的大學教育與香港的具體情形非常相像。面對人文學科的危機，普羅克特（Robert E. Proctor）的《教育之失憶》（*Education's Great Amnesia: Reconsidering the Humanities from Petrarch to Freud with a Curriculum for Today's Students*）一書可說是這方面最具批判性和建設性的著作。他甚

16　Allan Bloom, *The Closing of the American Mind* (New York: Simon and Schuster, 1987).

17　Allan Bloom, "University Standards and the Decline of Humane Learning," in *The Western University on Trial*, ed. John W. Chapman (Berkeley: University of California Press, 1983), 162.

至宣佈人文學科已死。他對人文學科的理念抱著非常保守的態度。
對他而言，人文學科是有關古希臘傳統、羅馬哲學以及文藝復興時
期人文主義的學科。普羅克特所尊崇的英雄是亞里士多德、西塞羅
和彼特拉克（Petrarch）等人。他認為人文學科的意義在於成就人的智
慧與德性。人文學科已死的意思，如他的書名一樣，是指學術界把
這個大傳統完全忘記了。他認為對這種失憶的補救方法就是回歸傳
統，他說：「這是因為我們被當前時代所摧殘壓制，對過去一無所
知。我們只能思索、談論有關當下的經驗。就博雅之藝的課程而
言，我們當下的經驗簡直是知識真空。而唯一能令我們從當下的壓
制中解放出來的方法，就是與過去對話。只有透過這樣的對話，我
們才能從當下雜亂無章的課程中解放出來。因為肯定傳統或以自助
式（隨意）的方法探討教育二者是不能相容的，傳統並不是北歐式的
自助餐（可以隨意任擇）而是有特定的作品與特定的作家」。[18]普羅克
特指出，對於教育而言，最重要的就是與一己的傳統聯繫起來，以
理解一己文化的存在。他認為與古代聯繫起來，不僅回顧過去，而
且指向未來。只有回歸古希臘羅馬傳統的智慧與美德，我們才能獲
得智慧的力量，與具有催眠作用的現代科技及發達經濟抗衡。對於
現代人與自然之間的矛盾衝突，他強調理解這種關係就是減輕這個
矛盾的第一步。他說：「科學與人文學科兩者都斷言心靈與自然兩極
對立，即認知主體與自然界的兩極對立。現代科技強調這種對立的
關係；而人文學科則試圖肯定有一內在的統一與整合，能幫助我們
適應這種兩極對立，以彌補外在世界支離破碎之不足。但是，自戀
心態與自然環境的惡化，促使我們要對抗現代自然界之客體化與非
神聖化，並回歸整體統一之古代理想」。[19]此一具體方案乃將人文學

18　Proctor, *Education's Great Amnesia*, 144.
19　同上註，頁159。

科結合到整個大學課程裡，以對現今雜亂無章的大學教育的博雅課程作一徹底修改。人文學科大概有三大目標，人文學科「能幫助我們為能對應我們最高要求的博雅教育立下目標；提供一個觀點看西方歷史；為我們展示如何以這種觀點理解和評估自己的時代」。[20] 結果，一個包含以下四方面的大學課程遂得以擬定。根據古代經典著作，此一課程的內容把焦點集中於：(1)古代與文藝復興時期的個人自主性；(2)科學與哲學的客體化性質；(3)個人自主性與現代社會之來源；(4)在道德哲學中追求智慧與美德。[21] 普羅克特的人文學科理念相當保守。就理解我們的歷史存在而言，為過去傳統重新賦予生命力是非常重要的。沉迷現在(當下)漠視過去，使我們變成像英國現代詩人艾略特(T. S. Elliot)所說的「虛空的人」一樣。然而，我們必須提醒自己，無論過去傳統怎樣光輝，都不能為今天大學教育所面對的嚴峻問題提供任何答案。它充其量只能給予我們識見與教訓，從中我們能窺見問題的本質與意義。德國哲學家漢斯‧約納斯(Hans Jonas)指出過去傳統與現代世界兩者之間不相對應。現代科技已大大改變了人類世界，就人類境況而言，今天與前現代時期不可同日而語。因此，今天的問題只能藉著今天人類的能力方能獲得解決。任何完全依賴過去的行為，都是由於誤解現代世界的性質所致[22]，當然，就大學博雅教育而論，強調傳統是必須的。

　　以上有關人文學科三個概念的討論表明，人文學科沒有確定的定義。雖然三者的概念互有不同，但都有一個共同的論點，即人文學科是人類體現其潛能的人類成就。人文學科就是人之為人的研究。

20　同上註，頁175。

21　同上註，頁176。

22　Hans Jonas, "Technology and Responsibility: Reflection on the New Tasks of Ethics," in *Philosophical Essays: From Ancient Creed to Technological Man* (Englewood diff: Prentice-Hall, 1976).

人文學科的理念的再思

　　從表面看來，人文學科被視為是經濟價值以外的奢侈裝飾品。如果真是這樣的話，人文學科實在是可有可無。就大學教育本身而言，人文學科實在沒有任何組織及目標可言。可是，我們又能怎樣呢？筆者並不認為我們對這個問題能輕易找到答案。商業主義會繼續支配學術界，而人文學科亦不可能會突然變得受人重視。大學撥款委員會繼續會以所謂「學術表現」威脅人文學科。在這方面，我們可以做的實在太少了。雖然如此，筆者始終相信我們確能做點事情。筆者依然相信，假如不將人文學科結合到整個大學課程裡，大學教育就永遠不能稱為真正的教育。事實上，大學不可能只是一所訓練職業的機構。大學畢業生或許能在某門學科或學問上獲得良好的訓練；然而，如果他們沒有學習人文學科，便永不能成為真正有教養有文化的人。因此，筆者依然贊同人文學科最基本的理念 —— 人的理想及人文教育的理想。人文學科教師的首要任務，就是為學生提供能令他們成為真正有文化的自由人的人文教育。或許，教授人文學科就是我們唯一能做的事。

　　以上意義可謂形形色色，似乎各有不同，但事實上卻是互相關聯的。人文教育不應限制於某一門知識的傳授，而是要將以上結合為一個整體，應用在整個教學過程裡。只有這樣，人文學科才不會再被視為是一獨立的文科科目。克萊恩指出人文學科受到教條主義及還原主義的威脅，對此我們必須予以重視。由於知識專門化而產生知識偏狹主義 (intellectual provincialism) 製造了大量的專門學術家。他們除了自己本科的專門知識外，拒絕承認任何其他知識的價值。假如這種情況長此下去，我們必會墮進柏拉圖 (Plato) 所言的偏狹、迷信、盲目之洞穴中，而能令我們從這個洞穴中解放出來的教育理想亦會徹底失敗。

　　筆者認為這不單是人文學科的危機,這亦是大學教育的危機所在。唯一解決危機的方法,就是重新思索和修訂大學教育的人文學科課程,即是說,把人文學科重新定位於大學教育的中心。這顯然非常困難,但並非完全不可能。

　　對人文學科的意義有一定認識後,筆者嘗試簡述有可能重振人文學科的條件並再次重申,人文學科不僅是文學院的學科之一。人文學科必須歸入整個大學教程裡,比如透過通識教育課程或補充課程。這些課程包括:(1)大學理念;(2)對廣博知識的覺醒;(3)香港的中西文化;(4)兩種文化知識傳統;(5)文明的概念與現代世界的性質;(6)人類存在問題;(7)美學教育。事實上,這些課程只是對大學教育的人文學科進行反思的第一步。作為人文教育式的通識教育顯然並不足夠,然而,如要了解人文學科的重要意義,以及將此概念應用在大學課程結構裡,教授與行政人員都必須達成一致意見。

通識教育與大學教育

　　據筆者所知,通識教育是現代美國大學所發明的產物,歐洲的大學卻從沒設立通識課程。因此,通識教育是否是大學教程的必備科目,一直都存在很多爭論。畢竟,沒有證據顯示設有通識教育的大學比其他大學更優越。以香港的大學為例,只有中文大學及嶺南大學將通識教育列為必修課程(編按:時為2000年)。然而,兩者的課程設計卻有許多不同的地方。[23]

23　兩所大專院校的通識教育課程最大的不同之處在於行政方面。中文大學只設有一通識教育辦公室,負責統籌及發展通識教育課程。老師則來自各學院不同系別。嶺南大學有其獨立的通識教育部及專任老師任教通識教育各課程。

　　有關通識教育的意義與內容，學者和教育工作者都從未有一致的意見。[24] 但是美國的大學對設立通識課程卻有一個共同理由，無論這些課程是哈佛大學的「選修制度」、芝加哥大學的「經典名著」或哥倫比亞大學的「西方的文明」等，都是對二戰後大學課程專門化、專業化的回應。專門化引致知識的偏狹主義與教條主義，而專業化則只強調知識的工具價值。一個思想狹窄的專家，在自己的專業知識領域上可能非常成功，但卻不能算是有教養的文化人。這點涵有回歸古典人文教育理念「*paideia*」和「*humanitas*」的意思，認為一個人在成為專家之前，必須先接受教育成為真正的人。在這方面，通識教育的確是博雅教育傳統的延續，亦是人文學科的實踐。美國社會學家丹尼爾・貝爾 (Daniel Bell) 就博雅或通識教育的六大目的所作的說明，可視作成為有知識教養的人之基本條件。(1) 對抗知識的偏狹主義；(2) 明瞭 (學術) 方法的重要性；(3) 獲得歷史的醒覺；(4) 指出理念如何與社會結構產生關係；(5) 理解價值如何滲入 (學術) 研究；(6) 展示出人文學科所扮演的教育角色。[25] 顯然，貝爾所列出的六大目標，並不只是重新提出古典博雅教育之目的這麼簡單。他考慮到現代社會的具體情況，認為有必要再提出怎樣成為有文化教養的人這一問題。顯然，他所提出的概念依然是植根於博雅教育的傳統，即博雅之藝的傳統。[26]

24　參看 Ernst L. Boyer and Arthur Levine. *A Quest for Common Learning: The Aims of General Education* (Washington: The Carnegie Foundation for the Advancement of Teaching, 1981)，特別是在附錄 A「HistoriaI Purposes of General Education」列有 50 個不同的通識教育的意義和目的。

25　W. Theodore de Bary, "General Education and the University Crisis," in *The Philosophy of the Curriculum: The Need for General Education*, ed. Sidney Hook et al. (Buffalo: Prometheus Books, 1975), 15.

26　關於「博雅之藝」與通識教育之討論，參看 Kimball, *Orators and Philosophers*, 234–235。應該指出，此書似乎是唯一一本討論 *artes liberales* 之歷史發展及其對現代博雅及通識教育的影響之書。

　　大抵上，美國和香港大學的通識教育課程，與歐洲大學的博雅教育課程最大的不同之處在於，前者視通識教育為一門獨立的學科，並且是主修科和副修科的補充課程；又認為每個學生都有些共同、基本的知識必須學習。但後者則否定此一共同課程的有效性，認為通識教育的目標，並不是僅僅透過幾個特別設計的學科便能達成，而是必須透過正式或非正式的方法，將通識教育課程結合到整個大學的學術活動裡。[27]

　　筆者認為兩方都非常有見地，因此要決定誰優誰劣似乎不甚恰當。筆者相信，通識教育是解決現代大學危機的方法之一。事實上，專門化、專業化在本質上並沒有甚麼流弊；剛好相反，專門化、專業化是認真追求某門學術、科學知識的必然發展。在這個知識爆炸的年代，根本不可能再出現通才的「文藝復興人」（Renaissance Man）。大學教育的危機乃由於大學的擴張、學生人數的遽增以及大學世界以外社會文化的急劇轉變。再者，大學已失去其象牙塔地位，並淪為政治經濟的工具。商業主義入侵整個大學制度，這就是大學教育的危機所在。專門化、專業化、職業化、知識零碎之所以是大學教育的流弊，是因為它們全都代表古希臘人想要擺脫的東西，偏見、傲慢、狹隘、完全漠視沒有即時實際價值的東西。如果教授以出售知識為其職業而不以求知及教育為其天職；如果學生進入大學只是為了滿足社會的利益而被訓練及編制成有用的備用工具，這才是大學教育的真正危機。

　　通識教育的提出，似乎是針對以上問題的解決方法。我們相信學生選修一些特別設計的課程，一方面能為他們提供解決大學危機

27　以筆者所見，在歐洲大學，尤其是德國的大學，通識教育根本不存在。可能是因為德國大學課程本身開放性很高，大部分課程是公開讓學生自由參與和選讀。除正規（即所謂學分）課程以外，德國大學多安排不同的演講和課程，以供學生學習，稱之為「*studium generale*」。

的方法，另一方面又能解決現代世界的問題(參看香港兩所大專學院的通識教育目的)。筆者對這些課程的理想有所保留，並不是因為不相信其崇高理想的目標，而是因為至今都沒有一個可靠的方法，能在幾個特別設計的課程中實踐這些理想。筆者認為這一方法上的困難乃由於通識教育的本質使然。如果通識教育忠於其目標，其課程基本上要教授給學生的並不是真實知識，而是洞察力及智慧 ── 理解知識與世界的性質之洞察力，及有能力迎接現代生活挑戰的智慧。透過這些課程，希望能令學生成為一個全人(full or whole person)。可是，如何能將洞察力與智慧教授給學生呢？如何訓練一個全人呢？此外，假如通識教育課程有其終極目標，是否表示其他學科的課程沒有呢？假如通識教育被稱為博雅科目，是否表示其他學科的課程沒有包含博雅性質呢？這個問題之所以變得更複雜，完全是因為通識(general)這個字眼的意義模糊不清所致。通識是否指基本、一般，因而涵有膚淺、入門、初級的意思呢？又或者根據拉丁語的字根，通識是否指「*generales*」即普遍的意思呢？在古典傳統上，通識教育意即「來自各方的人一起參與學習」。顯然，通識教育確實不是膚淺的教育。那麼，作為大學教育，通識教育的意思是甚麼呢？通識教育和人文學科的關係又是甚麼呢？

第 2 章

哲學教育的理念和任務
一位香港哲學教育工作者的反思[*]

我們的困境

現代的大學乃發源自中世紀的教育制度。中世紀的大學，一般由四大學院組成：哲學、神學、法律、醫學。在西方，哲學作為一門大學學科，已經有超過800年的歷史；相比之下，中國的大學開設哲學課程的歷史便短得多了。北京大學是中國第一所講授哲學的大學，其哲學系創立於1912年；香港則可追溯至1949年唐君毅先生於新亞書院教授哲學課（新亞書院於1963年成為香港中文大學的成員書院）。當然，在中國傳統裡，孔子很早就私人授學，一如古希臘柏拉圖和亞里士多德在學院（*academia*）及呂克昂（*lyceum*）講學；宋、明兩代的書院也承襲了孔子的講學傳統。但嚴格而言，書院、學院、呂克昂都算不上是大學。它們沒有現代大學的入學制度、課程、考試，最多只能稱為「高等學院」。

---

*　筆者於2006年獲邀參加復旦大學哲學系成立50周年的哲學系系主任學術會議並發表演講。本文以該演講稿為藍本再加修訂而成，並曾載於劉國英、張燦輝合編：《修遠之路：香港中文大學哲學系六十周年系慶論文集——同寅卷》（香港：香港中文大學出版社，2009），頁45–57。

　　講授哲學成為一門職業，歷史也不長久。笛卡兒 (René Descartes)、洛克 (John Locke)、萊布尼茲 (Gottfried Wilhelm Leibniz)、斯賓諾沙 (Baruch Spinoza) 等哲學家，沒有一個是哲學教授。康德 (Immanuel Kant) 也許是首位最重要的大學哲學教授，但在他以前，哲學家無須遵守任何學術規則。他們無須講課、刊登學術論文、出席學術會議。對他們來說，哲學並不是一份職業。他們進行哲學思考，是因為他們對哲學充滿熱情。那時，哲學仍然是一眾學科之首，地位崇高。笛卡兒希望透過「我思」——真理不可動搖的基礎——以重建整個科學知識的系統。黑格爾 (Georg Wilhelm Friedrich Hegel) 及胡塞爾 (Edmund Husserl) 在他們的哲學中同樣展示出笛卡兒的野心。黑格爾在《法權哲學》(Elements of the Philosophy of Right) 的序言中明言，哲學是「以思想把握時代精神」。[1] 按照此語，哲學在其自身的系統中能統攝萬有，因此超越所有知識範疇；而哲學家的任務，就是整全地理解、詮釋世界。黑格爾和胡塞爾都是德國的大學的哲學教授；從康德開始，大學更成為哲學活動的合法基地，只有在大學的範圍內講授和研究哲學才是恰當的，哲學論文必須刊登在國際期刊或由有名氣的出版商出版。簡而言之，哲學是象牙塔內的純學術活動。

　　時至今日，我們身為哲學老師，要面對過往的哲學家從沒遇過的問題。隨著科學和科技的革命以及資本主義的環球化，世界出現了翻天覆地的改變。現今，大學的數目相比起十九世紀的時候有顯著的增長，唸大學不再是精英分子的專利，大學之門已向公眾開啟；哲學亦不再是為少數有睿智的人開辦的學科。自上世紀的七十年代開始，每一年畢業的哲學博士數目，比歷史上的哲學博士的總

1　　G. W. F. Hegel, *Elements of the Philosophy of Right*, ed. Allen W. Wood and trans. H. B. Nisbet (Cambridge: Cambridge University Press, 1991), 21.

和還要多。當然，擁有哲學博士學位並不等於真正成為了哲學家。現時，大學的基本功能，不再是培育有文化識見、思想自由的有識之士；大學已變成了職前訓練所。今天，絕大多數入學的學生都會選修醫學、電腦科學、法律、商科、工程等科目，哲學及其他人文學科卻被邊緣化。不少學生為自己要選修哲學而失望埋怨，因為成績最優秀的學生，大多選讀法律或商科等專業，不夠拔尖的，便只好退而求其次修讀哲學；可以説，哲學系甚少是他們的首選。

以上所言，是我在香港教學的經驗。無可否認，香港是個商業掛帥的都市。香港一共有八所政府資助大學，除了香港中文大學外，只有兩所大學有獨立的哲學系。[2]當中歷史最悠久的香港大學最近（編按：2006年）重整文學院，哲學系跟其他人文學科合併，以致其獨立行政權及學術自主權均被剝奪。在今日的大學，哲學彷彿已成為可有可無的學科。

下文擬從香港本土為出發點，討論哲學教育現今面臨的問題和挑戰。本文首先概述香港中文大學哲學系的歷史和處境，然後剖析哲學的相關性及課程設計等問題。本文的論述，當然並非放諸四海皆準；我的目的其實很簡單，就是藉此反省身為土生土長的哲學老師、香港中文大學哲學系的系主任，我應該擔當甚麼角色、肩負甚麼任務。

2　兩所大學指香港大學及嶺南大學。嶺南大學規模較小，採用博雅教育學制，2002年成立哲學系。最初，只有1911年創立的香港大學設有獨立的哲學系，創系時間為1951–1952年。2006年，香港大學文學院重整，共有五個學院，其中人文學院包括比較文學、藝術、歷史、語言學、音樂及哲學共六個學科。

香港中文大學哲學系

香港中文大學哲學系的歷史，可追溯至1949年新亞書院的哲學教育系。1951年，崇基學院成立，當時已開辦「人生哲學」一課；1963年，崇基成立宗教知識及哲學學系，及後於1968年易名為哲學及宗教學系。1963年，崇基、新亞、聯合三家書院合併，成為香港中文大學。1977年，大學改制，新亞書院與崇基學院的哲學系合併，成為今天的中文大學哲學系。

中大哲學系，早期由知譽國際、稱重杏壇的唐君毅先生、牟宗三先生和勞思光先生主持系務。在他們的辛勤耕耘下，學系秉承了深厚的中國人文傳統，發展成為享譽海內外的中國哲學研究中心，當中新儒學的研究，更廣受認同。

自1970年開始，劉述先先生及何秀煌先生等接受美國教育的新一代學者，陸續加入哲學系。這一代學者洞悉到香港雖然是個經濟發達的英國殖民地，但中國傳統文化在這個城市依然深耕厚植；這種中西的融合，令香港在東亞享有地利之優勢。有見及此，他們以促進中西文化交流為己任，追求多元並蓄的發展方向，重視中西哲學講授及研究的均衡發展，成就一個開放、多元的學術環境。哲學系一直均以此為發展方向。

哲學系致力為學生提供一個符合國際學術標準、包含中西哲學傳統的均衡課程，同時保持課程與國家及地區的相關性。本科生課程旨在為學生提供優秀的博雅教育，教導批判思考，指導學生閱讀哲學原典，培育良好的書寫及溝通技巧，讓學生能將一己所長應用於其他專業範疇上。研究生課程提供專門範圍的進階訓練，訓練學生獨立自主地進行嚴格的研究。除了本科生和研究生課程外，哲學系還為大學提供通識課程。由哲學系開辦的通識課程，佔通識課程總數的一半，教員亦不斷探索、釐清大學通識教育的理念。藉著開

辦和教授通識，我們不僅累積人文學科的教育經驗，更積極參與模塑香港中文大學的教育理念。我們希望在分析哲學、中國哲學、現象學、社會及政治哲學、理論及應用倫理學等各個哲學範疇，都有豐碩的研究成果。有鑒於香港中文大學獨特的文化及歷史背景和地理位置，哲學系特別強調中西哲學比較，並以此為研究和教學的中心課題，希望藉此貫徹香港中文大學「結合傳統與現代，融合中國與西方」的教育理念。[3]

　　哲學系如今面對的挑戰，不僅來自現今全球化的世界，也來自已進入後殖民地時代的香港。我們不但要立足於大中華地區(包括內地、香港、台灣)，更要放眼世界。我們既要繼續投身於傳統中西哲學的教研工作，也必須反思哲學在當今生活世界的意義和價值。哲學並不是象牙塔中的學問。[4]

　　與西方尤其是歐洲和美國的哲學系相比，我們正置身於一個非常獨特的處境。大中華地區在過去一百年間才開始創辦西方式大學。自十九世紀中期開始，中國面臨西方列強進擊；有識之士面對內外交煎之勢，乃力圖革新，於二十世紀初創辦採用西方體制的大學，冀望藉著教育的改革與現代化，救國救民。由此可見，中國的大學的建立與當時的歷史及文化處境是不可分割的。那時候，西方的大學體制，包括入學程序、課程編排、考試制度、行政架構等等，均一一移植至本土；傳統的知識系統，也按照西方的知識分類重新劃分，因此，在中國傳統裡本來與文學、歷史不分家的哲學，自那時起便成為文學院下的一個獨立學系。

3　有關中大哲學系的發展概況和使命，可參閱哲學系宣傳小冊子「歷史」及「使命」兩節。

4　本段摘錄自我為哲學系宣傳小冊子撰寫的〈序言〉，頁3。

在過去的百多年，中國無論在政治上、文化上，均經歷了翻天
覆地的變化，種種的動盪不安，大大窒礙了大學教育的正常發展。
反觀香港自1842年起由英國開始殖民地管治，因而得以免受國內政
治動盪的影響。例如，鴉片戰爭爆發後，引起中西方激烈衝突。應
否學習西方知識和技術的問題，當時在國內引起各方人士的激辯，
但作為英國殖民地的香港卻置身事外。初時，英國政府只一心把香
港建立為商業都市，對文化問題漠不關心。故此，香港大學的創辦
人盧押爵士（Lord Frederick Lugard）於1912年反對港大建立文學院，
正因為他相信「大部分在印度醞釀的政治抗爭，皆源於五所大學中的
危險學科——哲學、政治經濟、『抽象科學』等」。他又強調：「大學
本質上是功利的，他絕不容許一些有害的革命性學科影響醫科和工
程科學學生的進步」。[5]可見哲學被視為不適合作為大學學科。直至
1952年，香港大學才成立哲學系，不過學系的殖民地色彩一直沒有
減退，大部分的教職員都是外國人，中國籍教員獲聘也只是近年的
事；其課程編排也一直以英美分析哲學為主流，忽略中國哲學的重
要性。

過去數十年，香港是中國大陸流亡人士及學者的聚居地。這片
土地毗鄰中國大陸，雖然並不民主，卻充滿自由氣息。1949年，錢
穆及唐君毅來港。兩位先生抱懷保存發揚中國文化的熱情，認為香
港就是重新提倡學習中國文化的地方，因此，他們在香港成立新亞
書院，冀望以講課授學，重振中國文化。他們深信「假若能讓蘊藏
在中國人民心中的中國文化精神成長，那麼中國就肯定有救了」。[6]

5　Peter Cunich, "Godliness and Good Learning: The British Missionary Societies
　　and HKU," in *An Impossible Dream: Hong Kong University from Foundation to
　　Re-establishment, 1910–1950*, ed. Chan Lau Kit-ching and Peter Cunich
　　(Oxford: Oxford University Press, 2002), 54.
6　唐君毅：〈我所了解之新亞精神〉，載《新亞校刊創刊號》，1952年6月。

1963年，新亞書院和崇基學院成為香港中文大學的成員書院，哲學教育的理念因而得以注入新元素：新亞書院代表的，是中國傳統的書院精神、人文理念；崇基學院由13間被驅逐出中國的基督教大學組成，代表著西方的博雅教育。1977年，兩家書院的哲學系正式合併成為中文大學哲學系，這標誌著中西理念和價值的融合。[7]

哲學的相關性

　　中大哲學系的發展，固然有其歷史背景；香港整體的哲學教育的發展，背景更為紛繁。多個世紀以來，哲學都是英國大學裡的重要學科，所以香港大學秉承英國學制，開辦哲學系；新亞書院創辦哲學系，是為了振興中華文化；崇基學院認為，哲學是博雅教育的重要一環。可是，無論是港大、新亞或崇基，它們都沒有正視哲學與香港的關係。哲學是人類永無休止地探求智慧的結晶，它在論斷上的效力，應該具普遍性而不受制於個別地區或人民。不過，哲學論斷的普遍性，是否真的能夠獨立於個別的處境關懷而自存？在世界的不同角落中，講授維根斯坦 (Ludwig Wittgenstein)、柏拉圖、海德格 (Martin Heidegger) 的哲學，真的有此必要嗎？在劍橋、莫斯科、新德里、波士頓、上海、香港講授的柏拉圖，會有本質上的分別嗎？劍橋大學哲學系網頁上的序言說：「哲學研究真理的本質、人類存在的目的、知識的基礎、價值的根源。哲學亦同時審查研究以上種種問題的方法。」[8]這段文字，可謂言簡意賅地道出了哲學的要點。

　　不過，隨著錢先生於1963年離開新亞、唐先生於1978年離世，這個理念亦逐漸褪色。

7　聯合書院是香港中文大學第三所書院。由於聯合書院加入中大前並沒有創辦哲學系，因此並沒有參與哲學教育的設計。

8　Faculty of Philosophy, University of Cambridge, http://www.phil.cam.ac.uk/pros_students/u_gradpros_07-08.html.

　　我們面對的問題，並非哲學的本質問題。我們都相信哲學的普世價值。當哲學只是一門大學科目，那麼哲學對於學生及社會大眾就有不同的意義。專業化和專門化成為現在的大學文化。跟醫學、法律、商科、電腦科學等學科相比，哲學的語言非常艱澀，一般人難以明白它的意義及相關性。大眾對學習哲學，也抱著模棱兩可的態度：一方面，學院哲學的內容深奧抽象，把普羅大眾拒諸於門外；但另一方面，哲學又是世俗的，每一個人都可有其哲學。此外，大家也會覺得哲學的實際效用是難以證明的，只有從事哲學研究的教授、學生、意氣相投的學者才懂得欣賞哲學的內在價值。

　　這就牽涉到哲學教育與社會相關性的問題。為了避免哲學在大學被邊緣化，我們必須證明哲學與學生、與社會大眾的相關性。我們要說服其他人，令他們明白哲學具有存在、文化、學術的相關性。我們必須展示哲學的普遍主張與生活世界的相關性。我們有必要解釋，在劍橋講授柏拉圖和孔子與在上海講授柏拉圖和孔子的不同。不過，到底有甚麼方法呢？

　　當哲學變得專業化，哲學教育企圖將哲學變成與其他科學知識一樣，成為一種「可傳遞的知識」，問題便由此產生。哲學系聘請哲學專家講授不同範疇的哲學，哲學教授好像扮演著古希臘辯士的角色：他們向願意付款的學系販賣亞里士多德、康德、維根斯坦、海德格、老子的學問。這正是我多年前在香港大學上哲學課時的感覺。那時有一位外國來的教授，用外國的課本講授約翰·奧斯丁（John Austin）的哲學。那位教授在課堂的講話，跟我們當時的存在問題、文化問題，一點也不相干。事實上，約翰·奧斯丁的哲學是有意義的，但為甚麼它對一個香港學生來說有意義，那時候老師並沒有說明。當然，這個批評只是針對一小部分教授而言。哲學絕不僅僅是一種客觀的知識。任何哲學教育，其主要功用都是啟發學生

進行哲學反思，從而反省哲學與自身存在的相關性。不過，那是很困難的。因此，大部分哲學課都將哲學視為客觀的知識。海德格在上世紀二十年代便觀察到許多德國的大學有這個現象。他説：「學院哲學之所以變得貧乏，正因為哲學教授企圖在一個學期，甚至更短的時間內，將偉大哲學家的哲學的輪廓勾勒出來。這就好像打算學游泳的人，只在河岸附近徘徊，空談河川的流水聲、河流穿越的城鎮。如此一來，學生被剝奪靈光一閃的機會，此在（Dasein）中永不熄滅的光芒也沒有燃起的機會。」[9]

　　世上並沒有保證能引導學生進入哲學的萬全之法。海德格認為，困惑、驚訝、焦慮、沉悶，均可成為一種「基本情調」（Grundstimmung），以引導學生進行哲學思考。[10]不過，這種覺醒並非由外而生；要進入哲學，只能靠自覺。一個人即使將康德的所有著作背誦如流，卻並不代表他進行過真正意義上的哲學活動。

　　因此，要展示哲學教育與存在的相關性是相當艱難的。也許，我們可透過蘇格拉底（Socrates）式的「審問」，逼使學生面對自己的生命處境並以哲學的反思帶領自己走出困局。那展示哲學與文化和社會的相關性又如何？這並非不可能，要旨是哲學教授和學生能開放自己，走出象牙塔，回歸具體的生活世界。然而，哲學的專業化和專門化令不少教授和學生產生既自負又無知的心理：自負感乃源於哲學認為自己高高在上，比其他學問優秀。所有學術科目的最高學

9　Martin Heidegger, *The Metaphysical Foundations of Logic*, trans. Michael Heim (Bloomington: Indiana University Press, 1984), 7.

10　詳參 Martin Heidegger, *The Fundamental Concepts of Metaphysics*, trans. William McNeill and Nicholas Walker (Bloomington: Indiana University Press, 1995); 也可參考拙著：Chan-fai Cheung, "Boredom and the Beginning of Philosophy," in *Responsibility and Commitment: Eighteen Essays in Honor of Gerhold K. Becker*, ed. Tze-wan Kwan (Waldkirch: Edition Gorz, 2008), 139–153.

位，不正是哲學博士嗎？哲學一向被稱為所有學科的源頭和終結，由此不是足以證明哲學比其他學科優越嗎？其實，哲學與其他學問的相關性應該是自明的。知識的所有分支都是哲學的研究對象，因此我們有藝術哲學、科技哲學、歷史哲學、法律哲學。香港大學哲學系網頁的序言說：「哲學並不是教導學生思考甚麼，而是教導他們如何思考。在哲學的活動中，我們運用批判思考和邏輯審視一些最根本的問題——人生、宗教、科學、倫理、政治」。[11]由此可見，學習哲學的意思就是學習研究一切人類活動的技巧。但是，在未確定思考的對象時，我們能否單純學習思考的方法？假如沒有物理學的理論知識，我們能對物理學進行哲學研究嗎？《物理哲學》(*The Philosophy of Physics*)[12]一書的作者羅拔·托拉提 (Robert Toretti) 不單是哲學家，更是一位物理學的專家。明顯地，單靠思考方法是不足夠的。哲學反省倘若缺乏具體的知識支撐，便只會淪為智性遊戲。我們必須要明白這種無知的後果，也必須顯示出哲學與其他知識的相互關聯性。哲學並不比其他學問優越。

讓我重申哲學相關性的重要性：我們一方面要理想化，強調哲學的普世價值；另一方面，在確立目標之時又必須實事求是。哲學於存在上、文化上、學術上的相關性必須予以重視和提倡，務求令大學、學生以及社會大眾都能夠明白、接納。

11　Philosophy Department, University of Hong Kong, http://arts.hku.hk/homepage/phil.html.

12　Robert Toretti, *The Philosophy of Physics* (Cambridge: Cambridge University Press, 1999).

課程編排

　　課程編排是哲學教育另一個重要的課題。在為期三至四年的大學學制中，我們要為哲學系的本科生提供甚麼教學內容？自然科學和社會科學的課程，全世界的大學均大同小異；哲學課程卻不然。大學的物理系，一般都開辦量子力學課，[13]但哲學系是否應該開辦西方哲學史的課，卻莫衷一是。[14]世界各地的哲學系，對課程的內容並沒有共識；它們提供的課程，取決於該系教授的專業和研究範圍。更重要的是，每個哲學系設定的課程，都反映它對哲學的理念，這些理念或來自教授的共識，或來自固有的傳統。

　　課程設計是哲學教育最重要的一環，它反映了學系對哲學的理解和教育的方向。正如上文所述，哲學的相關性對哲學系的存在有舉足輕重的影響，而課程設計就是「哲學的相關性」這理念的表述。哲學教育必須以對哲學的歷史之基本了解為起點，故此將「中國哲學史」及「西方哲學史」列為本科生的必修課。我們認為，中西哲學史及「哲學概論」是哲學初學者的入門科目。「哲學概論」著重方法論及以各個哲學問題為討論中心；哲學史則專注於歷史上偉大的哲學家對哲學問題的回應。因此，本系的課程同樣重視分析及詮釋的哲學進路。由於我們必須回應自身的歷史和文化背景，故此中西哲學傳統對我們來說同樣重要。一些介紹中西方重要哲學家的課程，則被安排作選修科目。我們的課程也涵蓋當代哲學運動，以及亞洲、歐洲、美洲的哲學課題等專題。我們致力提供一個完備的哲學課程，為學生提供哲學的基礎知識和嚴格的學術訓練，一方面為他們進行

13　耶魯大學、哈佛大學、首爾國立大學的物理學本科生課程，均有開設量子力學和量子物理學。
14　前註提及的大學，均沒有開辦西方哲學史。

高級研究作好準備，同時也幫助他們思考存在的意義，甚至指引他們的人生。

中大哲學系現時提供上述的課程內容，目標是十分明確的，至於能否實現，則尚待觀察。我們明白本科生的修業年期有限，要他們在三年內修讀所有科目，幹出一點成績來，並非易事。香港大部分學生在高中時仍未接觸過哲學；即使部分學生曾經認真地接觸哲學，也大多是無心插柳。故此，要求他們在有限的時間內讀懂哲學家們的著作是非常困難的。事實上，本科生的哲學課程在本質上都是入門的。要完全明白笛卡兒的《沉思錄》或孔子的《論語》，非下多個月的苦功不可。哲學系本科課程之目的，是為首次接觸哲學的學生開拓一個全新的視域，讓他們對哲學有初步的了解。

由此我們可以引申出課程編排的深層意義。哲學課程的目標，究竟是向學生灌輸哲學知識，還是幫助他們開啟哲學智慧？假如以灌輸哲學知識為目標，那麼課程內容便應該包羅萬有。在這樣的一個編制下培養出來的優秀學生，必定知識廣博，無論中西哲學史、柏拉圖、亞里士多德、孔孟、康德、黑格爾、現象學、分析哲學、道家、佛家、法律哲學、美學等，他／她都有所涉獵。但他／她學懂了哲學的反思嗎？我們不知道。顯而易見，學術成績並不能有效反映出他／她進行哲學活動的能力。假如哲學智慧是學生追求的目標，那我可以說，根本就沒有這樣的課程。學習哲學反思，實在並無定法。我們可以把蘇格拉底的名言「沒有經過反思的人生，不值得活」定為論文習作或考試題目，但學生會否認真地反思人生的意義，我們卻難以評估。在這個意義上，系統化的課程其實並無必要，課程設計也就大可闕如了。

這樣的話，課程編排便仍然是懸而未決的問題。由於大家沒有一個決定哲學是甚麼的共識，因此也沒有一個一致的課程。要解決

問題，我們必須回到最基本的問題——哲學是甚麼。哲學課程的內容，應該是哲學觀點的反映。海德格便説過，「哲學是甚麼？」本身就是一個哲學問題。[15]

結語

　　哲學並非象牙塔的學問。哲學是不能離開生活、離開世界的。我們身為哲學教育工作者，對哲學和哲學教育應如何回應生活、回應世界，該有甚麼反思？進一步説，香港擁有獨特的歷史和文化處境，我們的哲學教育，有沒有考慮到香港這個特有的處境而利用自身的優勢，發揮所長，令哲學教育在本地產生更深遠的影響和獲得更大的重視？我們有何任務、有何責任？

　　哲學課程設計是大學的工作和責任。在肯定哲學教育對學生、對社會的重要性這個大前提下，我們需要對哲學教育抱有熱誠，需要更自覺地、有意識地為學生提供全面而紮實的基礎哲學訓練。更重要的，是要啟發他們思考存在的意義和反省哲學與其存在的相關性。

　　其次，香港擁有獨特的歷史和文化處境，為我們提供了豐富的土壤，發展融貫中西的哲學研究和教育。

　　中國文化和哲學的傳統，過往曾在政治動盪的中國大陸受摧殘破壞；反而在花果飄零之時，在香港這片殖民地扎根成長數十年。在諸位先賢前輩所奠定的基礎下，我們實在責無旁貸，理應大力發展中國哲學的研究。再者，香港回歸後，與內地的學術文化交流更

15　詳參 Martin Heidegger, *What Is Philosophy?*, trans. Jean T. Wilde and William Kluback (New Haven: College & University Press, 1955)。

形密切；事實上，香港的樞紐地位亦十分有利於加強兩岸三地哲學研究的互動和哲學教育的交流。因此，提高中國哲學研究的重要性和嚴肅性便成為我們共同努力的方向。中大哲學系在2005年成立「中國哲學與文化研究中心」，透過舉辦學術會議、學者訪問計劃及出版期刊，致力於組織與推動中國哲學研究的新課題和新方法，提升研究的學術水平及促進交流。

在加強華人世界之間的學術聯繫的同時，我們亦要面向世界，與不同的哲學傳統進行對話。香港是中西歷史文化交融的現代城市，而香港的哲學界也一直與西方的同行保持密切交流，成績有目共睹。早於1996年，哲學系便開展現象學的研究，定期舉辦國際學術會議，邀請兩岸三地、日、韓以及西方的現象學學者來港，為現象學在亞洲的根植成長而努力。至2008年底，哲學系更主辦「第三屆世界現象學組織聯盟學術會議」（the Third Meeting of the Organization of Phenomenological Organizations, OPO III），這是OPO首次在亞洲地區舉行，與會的70多位現象學家及年輕學者來自全球20個國家及地區，於五天會議中，舉行了60多場演講及討論。此外，哲學系也成立「鄭承隆基金亞洲現象學中心」和「現象學與當代哲學資料中心」，除了積極舉辦國際性學術會議，也出版學術期刊和論文集，目的就是加強中西哲學學者的溝通，推動現象學在兩岸三地甚至亞洲的發展。

上述所言，主要與大學的教研工作有關。然而，我必須再次強調，哲學並非困囿於大學校園內的活動。哲學如果脫離人生的處境，就是紙上談兵。因此，如何面對社會、面對世界，讓哲學與社會大眾產生相關性，是十分重要的工作。為了向大眾介紹、推廣哲學，增加他們對哲學的認識，一些本地的哲學組織定期舉辦公開哲學講座，以深入淺出的方式介紹哲學，務求將哲學普及化。以「香

港哲學會」為例，該會於 1986 年成立，至今依然活躍，會中不少積極分子也是哲學系的同仁 (我也是創會會員之一)。哲學系也於五年前開辦哲學碩士 (文學) 兼讀課程，令有志於哲學研究而又缺乏基本哲學訓練的在職人士，可以系統地接受哲學教育。

　　哲學固然有其專業性的一面，但它所關懷的，卻是人類的普遍性問題。我們從事哲學研究和教育的人，既要抱持自己的獨特性，又要走進哲學的普遍性。如果哲學的任務是了解世界，如果哲學的目標是認識自己，那麼哲學教育便應該設法完成這兩個要求。在過去的 60 年，我們朝著這個方向不斷檢視、改進課程。雖然世上並沒有一個完美的哲學課程，但我們仍然要抱著精益求精的態度，力臻完善，突破哲學教育今天面對的困境。

第 3 章

教師專業主義和教育的終結[*]

我們在生活中失去的生命呢？

我們在知識中失去的智慧呢？

我們在資訊中失去的知識呢？

——摘錄自艾略特 (T. S. Eliot)《岩石》

引言

本論文的標題其實是故意語帶歧義。專業主義的定義或許比較清晰：要麼指對於專業知識和技能的要求，要麼指對某特定領域的專業人士制度化的約束力。然而，教育的「終結」有多重意思：可能意味著「終止或完成」、「目標或終極目的 (telos)」，或純粹意味著「死亡」。我討論的焦點當然在教育上，其意義顯然毋需解釋。但我最懷疑的是在現時後現代主義的環境裡，我們是否明白教育的真正意

---

[*]　筆者於 2002 年獲邀參加一個海外的國際學術研討會，並發表題為「Professionalism and the End of Education」的演講，本文以該演講稿為藍本翻譯而成。

義呢？此外，我有些悲觀地認為，我們並不知道因何從事教育工作，也不知道自己正在做甚麼。事實上，我們每天都在教學。我們在校園裡傳播知識，給予學生指導。我們都是專業的教師。但問題是，專業教學與教育是否有任何關係呢？

我想在這篇短文中論說專業主義與教育並沒有必然的聯繫。如果視專業主義為教育的目的，就會帶來終結，即導致教育的死亡。

教育的理念

根據拉丁文 *educare*，教育的涵義即誘導。自蘇格拉底開始，西方傳統的教育目標是釋放學生潛能，培養良好品德，使之成為自由個體和良好公民。希臘的「派地亞」（意為人本主義）理念是現代教育理念的基石。事實上，現代主義者把人本主義的理念視為現代化項目的實現，因為該理念把教育的可能性定位在個人的理性和主體性上。根據後現代主義學者李歐塔（Jean-François Lyotard）的觀點，該理念將有助消除「全人類的無知、貧困、落後和專制。尤其是教育，可以培育出開明的公民，掌握自己的命運」。[1]「派地亞」是建基於人文主義的理念上，認為透過明確的教育過程和課程，教師能夠激發出學生的內在潛能，使之能夠「自我激勵和自我指導」，成為理性的行動者。因此，教育在學生的主體性和身分認同的形成和塑造中扮演著重要角色，使人們成為某個類型的主體。[2]無論有教養的人的定義和內容怎麼變化，這個概念的悠久傳統見證了這種人文主義教

1　J. F. Lyotard, *The Postmodern Explained to Children: Correspondence 1982–1984* (London: Turnaround, 1992), 97; quoted in Robin Usher and Richard Edwards, *Postmodernism and Education* (London: Routledge, 1994), 24.

2　Usher and Edwards, *Postmodernism and Education*, 24–25.

育。[3]根據耶格（Werner Jaeger）的經典著作《教化：希臘文化的理想》（*Paedeia: The Ideals of Greek Culture*），有教養的人理應具備以下特質：

> 他智力發達、理解迅速和真正渴望學習。他反對無關緊要的細節，總是渴望通觀全局；他不珍視自己的生命，對於外在的利益基本不在乎。他不喜歡顯露感情。他對所有事物都寬宏大量，且魅力無窮。他是真理、正義、勇氣和自制的化身。[4]

除了具備以上特質之外，有教養的人能夠在浩瀚的知識世界裡表現出色，意識到傳統的價值觀和道德觀，以及懂得欣賞藝術作品。另外，他也是一位良好兼負責任的公民。這一理念成為人文教育的唯一典範。

然而，教育僅僅作為一種是訓練或灌輸，因為教育過程的基本軌跡是把人視為自由和理性的主體。除非學生願意和主動參與其中，否則不能說他真正受過教育。沒有任何的教學計劃或課程可以保證培育出如此理想的人才。皮德斯（R. S. Peters）認為教育是使學生開始了解某事，這理念就是對這一看法的現代重申。教師只能使學生對知識和價值觀有初步的認識。[5]所有教師能做的就是提供學習的條件和環境。有教養的人不能製造出來。教養是通過人自身的意志和行為而形成的。

中國傳統的教育理念與西方大致相同，不過儒家注重道德教化

3　cf. Paul Nash et al. *The Educated Man: Studies in the History of Educational Thought* (Malabar, Florida: Robert E. Krieger Publishing Company, 1984 [1965]).

4　同上註，頁5。

5　R. S. Peters, "What is an Educational Process?" in R. S. Peters, *The Concept of Education* (London: Routledge, 1968), 2–3. Usher and Edwards, *Postmodernism and Education*, 113.

多於智性領域的培養。有教養的人品德高尚,清楚自己的義務與責任就是實現內在的美德,由親身實踐開始,推及親人和世人。也就是說,教育的核心是主體,即道德自我。道德不是甚麼外在的東西,而是內在美德的體現。因此,中國的教育基本上是道德教育。

中西傳統均把教育的最終目標當作是自我實現和自我發展,因此極為重視個人的智力與品德。結果,真善美成為衡量成就的最終指標。因此,教育就是為個人乃至人類最崇高的理想去培育這些價值觀。

如此崇高的理念是中西方教育的基礎。我不認為現代像我們這樣的「教育家」會駁斥這些理念,然而,問題在於這些崇高的理念是否仍然存在,抑或已灰飛煙滅。我認為這些理想在很久之前已經蕩然無存了。回想這些美好理念只是我的一場浪漫懷舊而已。

專業主義和教育

蘇格拉底和柏拉圖都鄙視他們當時的智者,稱他們為「知識的推銷員」。從西方哲學歷史發展來看,這種對於智者的輕視是不合理的。透過對智者的爭論來對當時的世界進行批判,這是建基於主觀主義、相對主義和懷疑主義,為我們對於人類、知識和世界的關係提供了新的哲學角度。與此同時,智者事實上是第一批承諾為任何付得起錢的人傳授知識、教授修辭手法和美德的專業教師。柏拉圖最不認同的或許不只是他們透過教職來賺錢,而是其教導是否可以稱得上傳授智慧和美德。柏拉圖也不滿意他們的教學態度。當然,作為著名學院(*academia*)的創始人,柏拉圖是第一位如此認真對待教育的哲學家。自古代開始,他的著作《理想國》(*Republic*)所訂立的課程成為教育過程的典範。柏拉圖式的老師不是某個知識領域的

專家，而是一位負責向學生傳授知識、啟迪智慧和培養美德的哲
學家。

　　我認為現代的專業教師就像智者的後代。要求老師專業明顯是
一合理要求。誰又可以否認專業知識和技能的重要性呢？就像其他
專業人士諸如律師和醫生一樣，必定有一套準則來認可教師的資歷
和資格。因此，任何的教育機構都必須專業，以及不得不尊敬專
業，畢竟問責制關乎到學校的存亡。學校必須向大眾問責，因為教
育經費是政府其中一項最大支出，因此必須確保教師的質素。另一
方面，這也必須成為約束力，確保教師有恰當地履行職責。羅賓·
烏斯（Robin Usher）對問責制有以下的評論：

> 因此，從小學到大學的校長被重新定位為所屬學校的主管，而
> 老師和講師有其專業地位和重新定義的自主。他們被重新定位
> **為課程的技術員和傳遞者**……在此過程中，老師和講師愈來愈
> 受到評核和專業發展的監督，他們在受到績效監督的同時也會
> 進行自我監督，形成無形的規範，掩蓋了學校營運的權力影
> 響。諷刺的是，老師受到非常嚴格的約束，又以同樣嚴謹的標
> 準要求學生。[6]（粗體部分為我所加）

　　就這點來說，專業主義與教育本身無關，但就像是某專業界別
的工會主義維護會員的權利和行使紀律處分權力一樣。背後涉及的
都是重商主義。教學工作也是商業活動，販賣的商品是「知識」，而
老師和管理者則是推銷員。此外，教師也是專業人士，他們遵守教
學指引和道德規範。他們主要關心的是履行職責，即根據既定的課
程指引和教學大綱來傳播知識和資訊。除此之外，其他一切均與職

6　Usher and Edwards, *Postmodernism and Education*, 25.

責無關。

另一方面，教師專業化是後現代社會中無可避免的結果。雖然後現代性的定義並不十分清晰，後現代社會的主要特徵卻非常明顯，就是「歡迎和接納差異和多樣性」。[7]席捲全球的消費資本主義和泛濫的資訊模糊了知識和資訊的差異、高雅和通俗文化的分別，以及高尚和低劣品味之間的不同，毫無意義。其實，真理根本沒有意義。Usher解釋道：

> 容許多元化角度或許最能夠形容後現代社會的特質。表面看來，這聽起來就與傳統的相對主義很相似：即是抱持所有立場均無分好壞的立場。如果情況真的如此，如果真理真的與論述實踐有關，那麼似乎就沒有理由打擊不公平和壓制。毫無疑問，這就解釋了為何有人説在後現代社會，任何事情或是所有事情都有可能發生！[8]

這裡不是分析和爭論後現代虛無主義的地方。我的目的是指出在教育方面真理和知識的相對論背景。如果知識的準則沒有統一定義，那麼談論追求知識也就沒甚麼意義。畢竟，我們會教授任何教科書或參考書上的適當材料。我們毋須質疑這些「知識」是否合理和有意義。更重要的是，這些資訊是否有助於我們的教學目的。專業主義與當前這個問題密切相關，一旦我們屬於該群體，我們就會相信教科書和參考書的權威性。我們的職責不是去質疑，而是遵從指令。再者，我們的既定職責可能十分明確，例如我們只是地理科或歷史科老師，任何超出該科職責範圍以外的事情均與我們無關。

7　同上註，頁26。
8　同上註，頁26。

教育的終結

假如我上述談論的教育專業化並不是誇大其辭，那麼我們便有迫切需要去進行批判反思，思考我們在教學過程中正在做甚麼和為甚麼要這樣做。我強烈認為我們忽略了教育的意義，也懶得去質疑。我們自認是教育專業人士，純粹因為我們靠稱為「教學」的這份工作來謀生。醫生、股票經紀、程序員和老師並無分別，全部都是專業人士。然而，我還是認為教師與其他專業人士之間有著明顯的區別：教育不僅是向學生傳達知識，否則，傳統教育真的到了盡頭，已經死亡。

也許我們忘記了學生的主體性，這是傳統教育理論的核心概念。但正正就是主體性的理念在後現代社會中出現了問題，在後現代主義的衝擊下，我們不知道古典的理性和道德自我的概念是否仍然適用。如果不適用的話，傳統教育理念應被後現代主義的理念所取代；談論理性或道德主體性也沒意義；「教育」因而成為服務行業，負責製造社會所需要的產品；教育的「目的」就是生產專業人士。對於這些問題，我也沒有答案。或許我錯判了當前的情況。這就是我撰寫此文的原因，也歡迎大家提出批判。

第 4 章

現象學與人文科學[*]

一

《現象學百科全書》(*Encyclopedia of Phenomenology*)(1997)[1]的面世，意味著本世紀初德國哲學家胡塞爾 (Edmund Husserl) 所創立的現象學，至今依然是一個十分活躍的哲學運動。現象學雖然源自德國，但最近數十年已越出了德國的界域，發展成為一個全球性的哲學思想學派。現在，這個思想學派不再只是以西歐為基地，而是已經在東歐、南北美洲、亞洲、澳洲，甚至南非等地萌芽生根。胡塞爾現象學的原意跟笛卡兒的哲學有點相似，目的是確保哲學作為嚴謹的科學，以**直觀明證性的直接給予為基礎**。這實在是純粹的哲學關懷，但它的重要性卻並不局限於哲學領域，而是延伸至自然科學

---

* 2002年香港中文大學鄭承隆基金亞洲現象學中心開幕，筆者參加該中心與中大哲學系合辦之「現象學與人際遭遇」國際研討會，並發表題為「Phenomenology and the Human Sciences」的演講，本文以該演講稿為藍本翻譯而成。參 Cheung Chan-fai, "Phenomenology and the Human Sciences," paper presented at the Inaugural Conference on Phenomenology and the Human Sciences, Edwin Cheng Foundation Asian Centre for Phenomenology, 2002, unpublished。

1　Lester Embree et al., ed., *Encyclopedia of Phenomenology* (Dordrecht: Kluwer Academic Publishers, 1997).

與人文科學的範疇。今天，現象學已從哲學伸展至心理學、精神病
學、社會學、宗教、文學、建築學、音樂、教育，甚至護理學和體
育。《現象學百科全書》的主編恩布理 (Lester Embree) 指出：「由於現
象學已伸展至其他學科以至全球，現象學可說是二十世紀主要的哲
學運動。」[2]

　　本文旨在彰顯現象學的意義及其與人文科學的關係。

二

　　要明確指出現象學的意義殊不容易。從現象學運動的歷史來
看，現象學的意義跟胡塞爾原初創立現象學時已經有很大的改變。
早於二十世紀三十年代初，胡塞爾就堅稱，只有那些跟從他進入超
越現象學，並且以超越還原為唯一方法的人，才是不折不扣的現象
學家。根據胡塞爾的論斷，他最重要的兩位追隨者海德格與舍勒
(Max Scheler)，已經背離原初的現象學，而再次墮進「人類學主義與
心理主義」的窠臼。胡塞爾認為，他們已被超越現象學所摒棄。[3] 事
實上，海德格和舍勒都推動了現象學運動兩個方向的重要發展。如
果胡塞爾的超越現象學並不是衡量現象學本質的唯一標準，現象學
實在有許多**類型**。然而，所有形式的現象學都必然具有某些共同的
特徵，而這些共同特徵實際上是《哲學與現象學研究年報》(*Jahrbuch
fur Philosophie und phaenomenologishe Forshung*) 這本期刊各個編輯的共同
信念。這本期刊是胡塞爾於 1913 年所創立，第一期的序言這樣說：

2　Lester Embree et al., "Introduction," in *Encyclopedia of Phenomenology*, ed.
　　Embree et al., 1.

3　Edmund Husserl, "Phanomenologie und Anthropologie," in *Husserliana*, Bd.
　　XXVII, *Aufsatze und Vortrage* (1922–1937), ed. Thomas Nenon and Hans
　　Rainer Sepp (Dordorecht: Kluwer Academic Publishers, 1989), S. 164–181.

〔現象學〕不是各個編輯共同分享的一個系統。他們聚首一堂是因為有共同的信念，即只有返回直接直觀的最初本源，以及回到有關由它們引伸而來的本質結構 (*die originaren Quellen der Anschauung und die aus ihr zu schopfenden Wesenseinsichten*)，我們才可以運用哲學的偉大傳統及其概念和問題；只有這樣，我們才可以直觀地釐清這些概念，以直觀的基礎重申這些問題，進而至少在原則上解答這些問題。[4]

回到經驗的本源給予是現象學的格言。這句格言的意義，胡塞爾定義為「一切原則的原則」(*Prinzip aller Prinzipien*)，海德格則解釋為「回到實事本身」(*Zu den Sachen selbst*)，無論是哪個解釋，意義都十分清楚：哲學反思一定不能以隨意變動的理論為起點，而應從直觀經驗的直接給予出發。後來的現象學家都將這個原則視為現象學的精神：哲學以原初經驗的原初立場為起點，胡塞爾稱之為明見性 (*Evidenz*)。因此，現象學是科學的「起點」，因為現象學不會接受任何只是自明或理所當然的東西。在日常經驗中，個人與他人交往的這個世界和所有經驗都被視為理所當然，而受到質疑的正正就是我們日常生活經驗的這種自明性。胡塞爾在晚年最著名的一篇文章中，論及哲學起點的意義：

一種哲學隱藏於其意義之中，在此基礎上它是一種激進主義，是一種擺脫所有預設的絕對自由，以絕對的基礎確立自身：預設的整體可視為「理所當然」。但它本身也必須首先通過相關的反思以作澄清，從而揭露它所須要的那些絕對地聯繫的性質。當思想愈是提升，那些反思就愈是交織著，最終成為一種整全

4　轉引自 Herbert Spiegelberg, *The Phenomenological Movement* (The Hague: Martinus Nijhoff, 1982), 5。

的科學，即有關本源的科學，亦即「第一」哲學；所有哲學的學科，即所有科學的基礎，都是源自這個基礎——由於欠缺此種激進主義，所有這些都偏偏隱藏著，而沒有這種激進主義，哲學一般不能存在，甚至不能開展。[5]

接著，胡塞爾甚至自稱為哲學的真正始創人。他指出：

> 作者的信念⋯⋯〔假如〕他必須在實踐的立場上將哲學家的理想降低為一個單純的始創人。假如瑪士撒拉[6]的時日分配給他，他會希望仍然能夠成為哲學家，而他能夠時常跟進源自本源的問題，以及跟進那源自首先是描述現象學的問題，即本源的本源的問題，並把它具體地發展為一種對他而言具指導性的工作。[7]

至於甚麼是真正本源的現象，無論是胡塞爾超越現象學的意識意向性，還是海德格的基礎存在論的此在超越性，仍有待現象學家來解決。然而，堅持以本源來著手哲學工作是現象學奠基人的最重要洞見。納坦索（Natanson）解釋：

> 真正的開始者是內行人，而不是初學者。在這個意義上，開始就是從明見性的本源基礎出發，即從個人自身作為哲學經驗的中心（不是總和）出發。這自我中心跟哲學的傲慢相對立；它是一種對謙遜的承認：即承認，除非探究者充分意識到他的生命而轉向他自身，否則他不能聲稱正在追尋真理，更別說發現真

5　Edmund Husserl, "Author's Preface to the English Edition," in *Ideas: General Introduction to Pure Phenomenology*, trans. W. R. Boyce Gibson (London: Allen & Unwin, 1931), 28.

6　《聖經》中瑪士撒拉是以諾之子，據說享年969歲，比喻年歲極高的老人。

7　Husserl, "Author's Preface to the English Edition," 28.

理了。對胡塞爾來說，哲學之所以必然跟哲學家糾結一起，是因為每位探究者都必須評估他的經驗，而且不敢假設他從學術上或日常生活中所承繼的傳統問題已正確地提出，並且適當地展開分析。哲學地開始，就是在一種審慎忠於自己的態度中去找尋哲學問題的真正切入點。[8]

這就是胡塞爾強調現象學必須是一種「工作哲學」(*Arbeitsphilosophie*) 的原因，這種哲學時常從細微的資料出發，時常對最根本的基礎有所批判，時常放棄從純粹的理性思辨來建構哲學體系的理想。胡塞爾曾說，現象學家必須相當謙遜，以工作於「零錢」(*Kleingeld*) 之上，也就是從事於經驗的直接給予，在嚴格的現象學方法的指導下，集中在概念的分析與現象的描述。《哲學與現象學研究年報》出版了十三期，當中所有的作品——無論是胡塞爾、海德格、舍勒、蓋格 (Geiger) 或普凡德爾 (Pfander) 的文章，或是沙特 (Sartre)、梅洛龐蒂 (Merleau-Ponty)、迪弗納 (Dufrenne)、勒維納斯 (Levinas) 等法國現象學家的文章——都展現了現象學的基本精神，並且成為現象學運動的典範，為後來所有現象學研究樹立了榜樣。

要把握胡塞爾現象學研究的實際程序，實在並不困難：「去學習甚麼是自然態度的意義，實踐懸擱 (*epoche*)，嘗試摒除把歷史、因果關係、交互主體性和價值等跟經驗有所連繫的東西視為理所當然的偏執來描述表象，並以極度關切的態度來考察日常生活世界的結構，這樣，我們就能把握其本源與方向。」[9]當然，有關現象學的真

8　Maurice Natanson, "Phenomenology and the Social Sciences," in *Phenomenology and the Social Sciences*, ed. M. Natanson, vol. 1 (Evanston: Northwestern University Press, 1973), 6.

9　Natanson, "Phenomenology and the Social Sciences," 8.

正意義與現象學方法所運用的每一步驟，至今仍然有很大的分歧。
雖然如此，所有現象學作品的基本精神卻仍是普遍相同的。

　　因此，我相信現象學的重要性在於承認哲學的謙遜與開放性，
這實在是西方哲學自蘇格拉底以來最原初的理想。它把人本身置於
所有哲學研究的中心，因為只有人才可以接觸到作為一切知識基礎
的生活世界的直接經驗。在這方面，現象學與人文科學之間有明顯
的聯繫。

三

　　英語的「human science」從德語的「*Geisteswissenschaft*」翻譯過來。
「*Geisteswissenschaft*」一詞或許在十九世紀末因狄爾泰（Wilhelm Dilthey）
在《人文科學導論》（*Einleitung in die Geisteswissenschaften*）（1883）一書
中使用過而在德國哲學圈中大行其道。狄爾泰贊同人文科學方法論
的獨立性，因為單運用自然科學方法，並不能夠把握人文科學的本
質特性。自然科學旨在以假設性的歸納方法對自然現象作系統的解
釋，而人文科學則旨在理解不同生命形式中人類活動的意義與價
值。人類的生命是建構於原來的整全性、相關性與目的性。根據狄
爾泰的說法，人類的生活經驗是人認知現實的最基本手段：「我們是
在一種具體、質性，以及各種各樣的模式、意義、價值、關係的緊
密意義下體驗（*erleben*）生命的。」[10]人類體驗生命的時候，時常會有
一種隱含但又沒有被主題化的生活意識。這種對生活經驗的意識或
直接領會構成了人文科學最基本的現象。由於生活經驗不能化約為

10　Michael Ermarth, *Wilhelm Dilthey: The Critique of Historical Reason* (Chicago:
　　The University of Chicago Press, 1978), 97.

物理現象，因此不能以自然科學的方法加以解釋，結果有建議以詮釋學作為人文科學的正確方法論。

德語「*Geisteswissenschaften*」一詞原來的字面意思是思想與精神的科學。但是，狄爾泰卻把「精神」(*Geist*) 的概念詮釋為生活的經驗而非人類心靈的活動，因而給這個詞賦予新的意義。所謂「人文科學都是科學的一種」(*Geisteswissenschafen are Wissenschaften*)，即是人類生活經驗有系統組織的知識，而不是思想的知識。在這個意義上，英語的翻譯「human science」，可說相當恰當。因此，「human science」一詞並不是指**人的科學**，而是**人文的科學**，即人類的生活經驗。

然而，在英語的流行用法中「human sciences」一詞跟狄爾泰的理念並不完全相同。跟人類科學緊密聯繫的三門學科——社會科學(social sciences)、文化科學(cultural sciences)、人文學科(the humanities)——在意義上確實有含糊的地方。人文科學的學術學科顯然得不到大學行政部門的普遍接受。大學有社會科學院及文學院的人文學系，但卻鮮有人文科學院。在許多情況下，文化科學隸屬於社會科學院。社會科學的學科，例如心理學、社會學、經濟學，以及文化科學的學科，例如歷史科學、人種學、文化人類學，都是有關社會環境與文化脈絡中的人及其活動。另一方面，人文學科則關注人類思想在文學、藝術、語言學、哲學上的不同成就。由此觀之，社會科學、文化科學與人文學科這三門學科可納入人文科學的範疇內，因為這些科學的中心主題都是一樣，就是人類的活動。

當然，這是一個很概括的解釋。說到底，人類知識顯然只有兩個分支：人文科學與自然科學。

四

現象學對人文科學的貢獻正正在於它以現象學的方法釐清人類的活動。所有現象學家的中心議題都是理解人類經驗與活動的複雜性，其中一個重要問題，就是確保並接觸人類活動的一切形式，以作為現象學家可以細察的現象。這就是現象學還原的問題所在。一經把握現象，該現象的意義結構就可以細緻描述。施皮格爾伯格（Herbert Spiegelberg）指出大多數現象學家所運用的現象學方法的基本程序都有共同的地方。他列舉的程序如下：

(1) 研究某一特定的現象；

(2) 研究一般的本質；

(3) 了解本質之間的本質性關係；

(4) 觀察呈現的模態；

(5) 觀察意識中現象的結構；

(6) 懸擱對現象存在的信念；

(7) 詮釋現象的意義。

所有現象學運動成員都接納，甚或至少不明言的實踐前三個步驟；至於餘下的四個步驟，則只有少數人採納。[11]

所有這些現象學方法的程序都有一共通點，就是提出問題和尋求答案的方法；而個別現象學家實際使用這些方法時卻產生十分不同的結果。就以胡塞爾為例，他早期的意識的意向性分析與後期的生活世界的先驗現象學，皆是現象學方法的使用模式。海德格在

11　Herbert Spiegelberg, *The Phenomenological Movement* (Dordrecht, The Netherlands: Kluwer Academic Publishers, 1994), 687–715.

《存在與時間》(*Sein und Zeit*)（1927）中對此在的存有分析，舍勒在《現象學與愛和恨的同感理論》(*Zur Phanomenologie und Theorie der Sympathiergefuhle und von Liebe und Hass*)（1913）中對同情與愛的現象學闡釋，梅洛龐蒂在《知覺現象學》對知覺的分析，以及舒茲在《社會世界的意義建構》(*Der sinnhafte Aufbau der sozialen Welt*)（1932）所運用的社會世界現象學，都是這個傳統中最舉足輕重的一些例子。

如果人文科學的主題是人類的活動與生活經驗，現象學實在能為人文科學提供重要的研習方法。當然，現象學不能取替任何人文學科中個別的分科，因為每一學科都有其個別的研究範疇。然而，現象學對人類經驗複雜性的洞見應該為人類科學所接納。海德格於《存在與時間》所指出有關現象學的意義，可以加以重申：

> 我們對現象學初步概念的解說表明，其本質並不在於它作為一種哲學「運動」的實在性。可能性高於實在性。只有把現象學視為可能性而加以把握，我們才能理解現象學。[12]

事實上，現象學對人類知識的最大貢獻，在於現象學指出我們觀察事物的方法比我們意想得到的有更多的可能性。

12　Martin Heidegger, *Being and Time*, trans. John Macquarrie (New York: Harper and Row, 1962), 62–63.

第二部分

通識教育

第 5 章

通識教育作為體現大學理念的場所
香港中文大學的實踐模式[*]

　　通識教育近年在中港台三地成為一個炙手可熱的課題，在通識教育的發祥地美國，亦有復甦更新的趨勢。不論是香港和台灣的通識教育、中國內地的文化素質教育，還是美國傳統的博雅教育，近年都有新的發展，受到各地大學大力推動。顯然，專科教育的流弊已為各地教育工作者注意。

　　回想十多年前的香港，廢除通識教育之聲可謂不絕於耳，反對者的理由包括：浪費學術資源、教師與學生的態度冷漠、三年制下學生沒有空間修讀主修以外的科目等。時至今日，卻似乎沒有人再懷疑通識的存在價值，不管是學生還是老師，人人都說通識是好的，似乎毋需再討論通識的存在之理。在香港，在政府的提倡下，中學以至小學都開始談通識教育。很少人會再去辯論通識是否應該做，問題似乎只是如何做。

　　香港中文大學的通識教育課程在2004年經歷了一次重要改革。在檢討與構思改革的過程中，我們意識到「為何要做」的問題是不可或缺的。觀乎不同院校的通識教育課程五花八門，我們在考慮怎樣

* 　原文刊載於《大學通識報》，總第 2 期（2007 年 3 月），頁 39–51。

做的時候，必須考慮支撐的動力和理念，只有將通識使命及理念貫徹於課程設計中，才可做好。

　　本文首先討論通識教育的意義，並指出通識教育對整體大學教育來説，不單不是輔助性的，更是體現大學理念的場所；文章第二部分整理香港中文大學近年通識教育課程改革的經驗，討論成功實踐通識理念的一些重要條件。

通識教育的涵義

　　要談通識教育是甚麼，的確是很困難的事情，因為它出現的形式紛陳，驟眼看似乎很難歸納出一些不變的本質。不過，我們仍可以從通識教育一詞的本義談起。正如今日不少研究通識教育的學者指出的，general education 一詞源自拉丁語 *studium generale*，即來自各方的人一起參與學習的意思，在這裡，general 不是普普通通、一般、平常的意思，而是 for all，為所有人而設的意思。*Studium generale* 其實正是在歐洲十二世紀出現的大學 (拉丁語即 *universitates*) 的前身，*universitates* 的古典概念，原指 *magistrorum et scholarum unum*，意即一個包含學生與學者的社群，與 *stadium generale* 正是相通的。這個理解不但為通識教育提供了形式意義，某程度上亦指出了一些內涵上的要求。

　　所謂「來自各方的人一起參與學習」與 *studium particulare* ── 即某群特定的人在進行學術研究 ── 正好成對比。我們不難看出，*stadium particulare* 的教育理念在今天正反映在日趨精專的專門化教育中，專科學者的注意力在其專門、專業的問題。相反，*studium generale* 的教育理念是由各科學生及教授共同參與的一種學術活動，目的是把注意力集中在對各科學生都有意義的學術問題上。因此，

通識教育課程不應是分科制的，而是貫穿所有學科的。換句話說，
「知識的完整與普遍性」是通識課程設計的一個大原則。

　　然而，踏入二十世紀，上述有關大學的理想開始失落，科技與
經濟迅速發展，成為大學教育發展的原動力。從前的大學規模小，
所行的是一種精英制，為數較少的教師與學生在校內一起共尋知
識。在現代世界中，這類古典大學模式自然會被淘汰，取而代之的
是規模宏大、學科分工精細、且能容納數以千名教師學生的現代大
學。知識分工分化的發展，顯然是十七世紀以來科學革命的必然結
果。當科際之間隔閡愈大，「來自各方的人一起參與學習」這概念變
成是只徒具形式。美國教育學家克拉克・克爾(Clark Kerr) 提出，現
代的大學是「多元綜合大學」(multiversity)，而非「大學」(university)，
因為現代的大學已失去一致的目標、結構，雖然學生與教授都在同
一校園內活動，卻只各自埋首於本科的追求，失去了共同的志趣與
關懷。[1]

　　有學者批評這種趨勢，指出一旦所謂綜合型大學喪失了應有的
內部交流聯繫，其實就變成了「分裂型大學」，失去了作為一個
「university」應有的整體性品格。[2] 大學通識教育作為一種全人教育，
一種「for all」、為大學社群裡所有人而設的教育，或許正是我們面對
「分裂型大學」的一劑良方，這亦是近十年各大學大力推動通識教育
的原因。以上種種，反映**通識教育在大學教育中的角色不是輔助性
的，而是體現大學理念的場所。**

1　Clark Kerr, *The Uses of the University*, 5th ed. (Cambridge: Harvard University Press, 2001), 1–34.
2　劉擎：〈「巨型大學」與「智識殘障」〉，《國風》，第 108 期 (2005 年 11 月)。

沒有放諸四海皆準的通識教育

> 每一個時代和每一個文化都有它急於推行的大學通識教育，它
> 的理念與整個大學教育的理念是不可割離的。[3]

大學作為培育知識分子和負責任公民的場所，其教育理念必因
應當時當地的社會時代背景及各大學的創校使命而有所不同。通識
教育課程作為體現大學理念的場所，其內涵亦必須與時並進，因應
所屬大學的不同教育理念和社會環境，作出不同的定義。以通識教
育聞名國際的哈佛大學最近亦就其「核心課程」進行改革。

從歷史淵源上說，通識教育在現代大學的出現，緣起主要在美
國。如上文提及，踏入二十世紀，美國大學課程專門化、專業化，
強調的只是知識的工具價值，進而引致知識的偏狹主義與教條主
義。一個思想狹窄的專家，在自己的專業知識領域上可能非常成
功，但卻不能算是有教養有文化的人。美國的大學在二十世紀二、
三十年代開始普遍設立通識教育，正是為了回應這種流弊。

美國當時出現並且沿用至今的通識教育課程主要有四大類：第
一類是自由選修（free electives），即學生除本科科目外，必須選修其
他科目，但選擇何種科目則沒有規定，此類課程的目標在讓學生保
持較寬廣的視野；第二類是分佈必修（distribution requirement），即
指定學生必須修習的學科領域（如自然科學、社會科學、人文學科
等），並規定在各領域內至少應修的學科門數或學分，其目標是讓學

3　何秀煌：〈大學通識教育的再思考 —— 華人地區大學通識教育的理念、
　　制度、課程與教學〉，載劉國強、王啟義、鄭漢文編：《華人地區大學
　　通識教育學術研討會論文集》（香港：香港中文大學通識教育辦公室，
　　1997），頁159。何秀煌教授於文中討論了通識教育在中港台三地發展
　　的背景。

生對各學科領域的知識內容有所涉獵，達到見識寬廣的要求；第三類是核心課程（core curriculum），與「分佈必修」類似，但打破傳統按學科設課的模式，著眼於能力的培養。此類課程不是某一學科系統的入門知識，跨學科的內容份量較大。此外，課程目標、內容和教學方法的選擇，都會考慮通識教育的目標和哲學。哈佛大學是核心課程的主要倡導者；第四類是名著課程（great books program），提供原典導讀，通過細讀原典，追本溯源，讓同學在紛陳的現象中釐清問題的根源所在，以應用於今日的社會，當中以芝加哥大學為典範。[4]

　　院校間不同的歷史條件、通識教育鼓吹者的教育理念，直接導致這些通識課程的出現形式不一。[5]事實上，美國的通識教育課程至今亦經歷不少變遷與改革。究其原因，一是隨著社會變遷，不同學科的專家對於甚麼是大家都需要共同關注的問題有不同的看法；其次，通識教育作為「非專業」訓練，在講求專業化的社會中，往往不為師生重視，課程水準良莠不齊，缺乏清晰目標，在二十世紀七十年代，美國的通識教育甚至被形容為「災區」。[6]正因如此，不同的院校必須因應校內外不同的時局、學生的背景、社會的需求等，不時改革其通識教育課程。換句話說，沒有一個通識教育課程設計是放諸四海皆準，恆久不變的。

　　不變的是，古今中外的教育學家，均強調教育人成為有反省的自由人（freethinker）和好的公民（good citizen）。以上述的幾種通識教

4　李曼麗：《通識教育——一種大學的教育觀》（北京：清華大學出版社，1999），頁 76–103。

5　梁美儀：〈通識教育的使命與中國文化教學的實踐〉，載胡顯章主編：《走出「半人時代」——兩岸三地學者談通識教育與文化素質教育》（北京：高等教育出版社，2002），頁 466。

6　轉引自 The Association of American Colleges, *Strong Foundations: Twelve Principles for Effective General Education Programs* (Washington DC.: The Association of American Colleges, 1984), v.

育模式為例，這些旨在擴闊視野的課程設計，都有回歸古典教育理念的意思，認為一個人在成為專家之前，必須先接受教育成為真正的人。在這方面，通識教育的確是自由教育 (liberal education) 傳統的延續。筆者認為，這種「有教養及文化的人」之理想正是通識課程設計的另一大原則。同時可以說，平衡專科教育，強調全人發展，是通識教育在現代大學的使命。

香港中文大學通識教育課程

香港中文大學在二十世紀六十年代創校時主要採取美式學制，美國的通識教育可說是中文大學通識的濫觴。但除受美式學制影響外，中文大學自始即珍重通識教育的精神，更與三所成員書院的背景有不可分割的關係。崇基、新亞及聯合三所創校成員書院均由大陸南來學者或辦學團體創辦，因而各抱振興中國文化、經世濟民的文化抱負。崇基學院以宏揚基督精神、推動「中西結晶，增益文明」[7]、促進中華民族之民主自由發展為己任；新亞書院創校抱經世救國的精神，強調「以人文主義之教育宗旨，溝通世界中西文化」[8]；聯合書院則肩負繼往開來的文化責任，強調結合中西文化、掌握世界潮流以實踐理想。[9]三所書院強調的中西文化、傳統與現代結合交流，成為中文大學的創校使命。而三所書院追求的，其實都是一種全人教育理想，因此，在中文大學創校早期，通識教育順理成章亦由書院負責。

7　引自香港中文大學崇基學院院歌的歌詞。

8　錢穆：〈招生簡章〉，載氏著：《新亞遺鐸》(台北：東大圖書公司，1989)，頁12。

9　參香港中文大學聯合書院網頁，http://www.cuhk.edu.hk/uc/index.html。

　　三所成員書院的文化抱負承載著中國的「人文精神」。這種以人為本，尊重人及其文化、歷史、價值的中國「人文精神」與美式學制反映的西方「自由教育」融合，成為貫徹中文大學通識教育的一大特色。在過去四十多年以來，隨著大學整體架構及學制的改變，以及政府政策的變遷，中文大學的通識教育經歷了多個階段的發展。

　　自1986年，因應大學架構的轉變，中文大學的通識課程亦分為大學通識課程及書院通識課程兩部分，分別由大學通識教育部及各書院管理。書院通識方面，四所成員書院仍從其書院精神和傳統出發，對學生作心智上的薰陶。除以課堂形式進行的書院通識課程外，更強調「非形式學習」，如服務學習計劃、戲劇活動、語文交流、高桌晚宴等，從生活入手，可說較側重「有教養及文化的人」之理想。至於大學通識教育由中央統籌後，始終離不開結合中國「人文精神」與西方「自由教育」的特色。幾番沿革，「中國文明」一直是中文大學通識教育的必修範圍，旨在培養學生對中國文化的反省能力。透過其他領域的通識課，我們希望培養學生對事物的廣闊認識，把不同主修的同學引領到他們共同關心的問題上。

四範圍通識課程與通識教育之理想

　　2004年的通識課程改革，再一次肯定了這種信念。大學於2002年成立了通識教育檢討委員會，全盤檢討大學通識課程。委員會在報告中釐清中文大學通識教育的目標為：拓展廣闊的知識視野，認識不同學科的理念和價值；提升對人類共同關心問題的觸覺；建立判斷力及價值觀；理解不同學科之間的關聯，並認識融匯發展的可能；發掘終生學習的潛力。

　　是次改革最重大的措施，是重新規劃大學通識課程為四個必修範圍，分別是「文化傳承」、「自然、科技與環境」、「社會與文化」、

「自我與人文」。新課程設計的特點，在於離開傳統以學科為單位的劃分，而以智性的關懷作為出發點。我們希望做到學生能透過通識教育，反省一個人應如何理解自己的存在。通過四個範圍的學習，學生能反省人與自己文化傳承的關係，人與自然、環境和科技的關係，人與身處的社會和文化的關係及人與自我和人文的關係。

這個課程設計基本上仍依上述提到通識教育課程設計的兩大原則，即「知識的完整與普遍性」及「有教養及文化的人」之理想。新亞書院創辦人之一，新儒學大師唐君毅先生，在〈人之學問與人之存在〉一文中，從人文精神的角度對知識進行註釋，指出所有知識實際上都是植根於人類存在之中，並斷言沒有知識能獨立於人類之存在而存在。[10]四範圍的課程設計某程度上是由唐先生的分析得到啟發，在這裡，我們對「知識的完整與普遍性」是採取一種以人為本的看法。

新課程架構希望幫助同學意識到，選一個通識科目，不單是讀一個包含了本科知識以外的專科，同時是探索一條人類智性關懷領域的進路。與此同時，各學系亦可有較明確的意念。為通識教育開科時，並不純粹從一個專科的關懷出發，而是要思考有關專科如何回應人類智性領域的關懷。

從理念到實踐

改革往往是為回應問題與困難而出現的。是次檢討，除了回應政府教資會對教學質素保證的要求，更重要的是出於我們一個強烈的內在訴求──在過去一段時間，課程組織鬆散、師生對通識的價值缺乏足夠認同等問題日漸浮現；教育愈趨功利並以專業為本，學

10　唐君毅：〈人之學問與人之存在〉，載氏著：《中華人文與當今世界》（台北：學生書局，1975），頁 65–109。

生對通識缺乏學習興趣與動機，而來自不同院系的老師，也對通識
教育認識不一，甚至缺乏認同；更嚴重的是，由於教育理念不夠清
晰，而科目由各個學系提出，導致課程體系規劃混亂。我們察覺
到，這種種情況似乎是各地推行通識教育都會遇到的困難。在兩岸
三地，通識課（或素質教育課）被謔稱為「營養學分」、「衛生課」、「易
碎科」等，往往都要面對制度不健全或部門之間的衝突，以及投入資
源不足等問題。

　　回顧中文大學通識過往遇到的問題，以及近年的改革經驗，我
們初步歸納出五項推動通識教育不可或缺的基本條件：(1) 校方的真
誠投入；(2) 良好的課程設計；(3) 成熟的大學通識教育文化；(4)
各學系的積極參與；(5) 獨立的行政架構。以下將分別加以闡述：

　　首先，必須明白通識教育不能依賴行政命令或口頭贊成，大學
高層認同通識教育的理念，願意投入足夠的資源，通識教育才可
行。以中文大學為例，校方承認老師教授通識課與專業課享有同等
待遇，即獲得同等的教學資源，計算教學負荷也與學系內的專業課
完全一樣。此外，推動通識教育需要強有力的決策部門領導。中文
大學設有大學通識教育委員會及常務委員會，前者由副校長擔任主
席，包括大學各成員書院、各學院的代表、大學通識教育部的主要
負責人和資深教授，此委員會是大學通識教育的最高權力機構。通
識教育常務委員會是常設機構，負責具體事務，檢討所有通識課程
的質素，並協助審批學系提出的新課程。簡言之，只有獲得大學當
局積極、具體的支持，通識教育才成為可能。

　　第二，通識教育不可能囊括所有科目，必須盡可能清晰地釐定
範圍，並按照一定標準作出取捨。中文大學的通識科目旨在擴大學
生的知識視野，使他們理解不同學科的價值，對人性中的普遍問題
有一定程度的敏感，發展判斷力和價值觀，意識到不同知識領域之

間的聯繫和科際整合的潛力，並且獲得終生學習的能力。如前所述，中文大學現在把所有通識科目分為四個範疇，即「文化傳承」、「自然、科技與環境」、「社會與文化」、「自我與人文」。大學規定，所有學生(特許專業課程除外)必須在上述每一個範疇內修讀至少一門通識課，三年制的學生至少獲得99個學分才能畢業，其中15個學分必須來自通識課程，四年制的學生畢業至少要求123個學分，其中21個學分必須來自通識課程。這種規劃旨在確保每位中文大學同學都在以上範疇內有所薰陶和思考。

從個別科目來說，中文大學通識教育課的設計和評估貫徹如下三個標準：(1) 是否符合通識教育的目標和理念；(2) 是否有利於科際整合，具有跨學科的特點；(3) 是否可以歸入以上四個範疇。此外，我們亦要求通識課具有與專業課同等的知識和學術水準，相應地，也要求學生(就閱讀量和功課等課業負擔而言)付出同等的努力。理想的通識科目，應該強調知識的內容而非技巧，使學生對該學科的基本學術框架、概念和方法獲得宏觀把握，並且致力把所學的科目與人類的普遍經驗和現代生活聯繫起來。修讀不設任何限制條件，最好採用跨學科的方法，鼓勵自我發現和自我表達，而且在內容和深度上均不遜於同等程度的其他大學課程。我們的一些通識科目，比如UGC2816「大自然與文化」和UGD3008「宇宙、學術與人生」，都體現了推動跨學科教學的努力。

第三，推廣通識教育，不能光靠課程設計，還必須努力培養一種大學通識教育的文化，使學生、老師、家長和社會大眾都能理解通識教育的理念，擺脫專業教育乃至職業培訓眼光的限制。從此意義說，通識教育的理念必須廣泛推廣。通識教育部一直以來通過派發通訊、電郵、組織學生討論會及新生指南等多種途徑致力於通識教育的宣傳。

　　通識教育部還舉辦一系列活動促進大學校園內外對通識教育的
了解和熱忱，包括通識沙龍和通識午餐會等等。通識沙龍主要對象
為校內師生，旨在推動校園討論氛圍，探討人類共同關心的問題，
引發同學思考自己與世界的關係。2006年和2007年的「戰爭與和平」
系列，邀請不同專家學者從其專長出發，從宗教、文化、國際關
係、政治哲學、公民社會、傳媒等不同角度，探討人類社會所共同
關心的「戰爭與和平」議題。通識午餐會的設計，則旨在讓分散於各
個學系的通識老師，能夠聚到一起分享通識教與學的心得。至於向
公眾推廣通識教育的活動，早年有香港電台合作的節目——「通識
廣場」，由中文大學通識教育主任擔任主持，邀請不同科目的老師介
紹他們的通識科目，播出時間長達一年多。近年則有與中文大學專
業進修學院及第二書店合辦的「讀書會」，去年剛剛慶祝了五周年紀
念，迄今已組織讀書會超過九十場，介紹各方面的著作超過一百
本，不僅吸引了大學生，還吸引了許多中學生和專業人士參加。

　　第四，通識教育的成功還仰仗於各學系主任的有力支持和老師
的積極參與。中文大學的通識教育課，目前由來自七個學院和新成
立的法律學院總共超過四十個學系的老師任教，從某種程度上說，
已經實現了「來自各方的人一起參與學習 (*studium generale*)」的目標。
我們的看法是，不同範疇的課需要各個學系最優秀的老師任教，期
望他們能夠從自己的專業出發，採用跨學科的方法，引導學生關心
文化和人的存在等基本問題。通識課程不是基於某一個專業的考
慮，而是為所有人、所有領域而設計，面對的是完整的學術世界，
是人類知識的總體。

　　最後，通識教育還須由一個獨立的行政機構進行有效管理和統
籌。我們知道，許多大學都是由教務處兼管通識課程，但是僅僅依
靠行政安排，而沒有獨立實體統籌各項活動，不斷反省通識教育的

目標，通識教育不可能成功。中文大學設有大學通識教育部，其職責包括統籌、管理由七個學院及新建的法律學院總共四十多個學系提供的兩百多門通識教育課，加強與各學系的聯繫、溝通，鼓勵關於通識教育的討論和跨學科的學術交流。同時也越來越注意通識科目教材（比如「通識教育叢書」）的編寫、出版和通識教育的研究，為此於 2005 年成立了通識教育研究中心，定期出版《大學通識報》，希望為廣大關心通識教育的同仁提供發表研究成果、交流心得體會的平台。

從制度上講，大學通識教育主任不僅是行政主任，也是學科主任，須為兩百多門通識課的學術內容負責。按照程序，通常先由通識教育常務委員會對每一門通識課進行評估，再由大學通識教育主任或其他大學通識教育部職員聯繫各學系，要求任課老師作相應的改進。新課的評審和引入是通識教育部日常工作最關鍵的內容之一。一門科目是否可作為通識科目開設，首先要求任課老師提交詳細計劃書，計劃書須列明課程目標和所屬範疇、教學大綱、考核機制、閱讀書目，以及對該課通識教育特性的自我評價，大學通識教育部針對計劃書給出初步意見，再送交所屬學系和學院，院系內部通過以後還要由通識教育常務委員會審核，看它是否符合通識教育的目標和要求。科目除須符合相關範疇的規定，滿足學術內容、深度和課業負擔的要求外，也要看其教學大綱、閱讀書目和考核機制是否與課程目標配套，是否與現有科目重合，經過多次討論後，才可送交通識教育委員會批准。新制度施行以前開辦的科目，每三年也要檢討一次。我們認為，必須有一種穩定的評估機制，才能保障課程質素。這一過程中，我們不單考慮學生的意見，更收集每一科目的課程大綱、評分機制、書目、功課和考卷樣本等全部資料作綜合判斷，看具體課程的設計是否符合通識教育的理想和要求。除此

以外，每隔三年，還將邀請校外專家對全校通識教育課程作一宏觀
評估。

　　為保持並提高教學質量，通識教育部非常重視收集老師和同學
的意見，每年舉行教學研討會，為老師提供分享教學經驗的機會，
推動老師之間的交流，也創造各種機會吸納同學的意見和建議。目
前通識教育部與各學系之間已經形成良好的互動。我們認為，保證
教學質量最關鍵的因素是老師，因此必須與老師建立良好雙向的夥
伴關係。由 2006 年起，我們增設了「通識教育模範教學獎」，讓老師
的貢獻得到應有的認同。

　　以上談到的通識教育成功的五個先決條件，不是來自抽象的理
念，而是來自香港中文大學長期以來推行通識教育積累的實踐經
驗，我們希望借此機會拋磚引玉，邀請海內外同仁與我們分享寶貴
意見，大家都來關心大學通識教育的發展。

第6章

通識教育改革與大學理念[*]

序言

香港中文大學將於2012年由三年學制改回四年，通識教育和其他學科一樣，面臨改革的需要。我們希望在原有通識教育四個智性關懷範圍的基礎上，為所有一年級本科生設計一個必修科目。我們初步的構思是一個有關世界文化與中西經典研讀的課程。在變革之際，藉此機會反省當前大學的功能、原初的理念、通識教育在現今大學中應當扮演的角色等，對我們設計這必修課程應有一定的意義。

現在，大學的發展越來越偏離原初的方向和理念。我們身處一個強調效益的經濟型社會中。各行各業分工愈加仔細，對專才的需求亦相應增加。僱主招聘員工時，要求求職人士擁有相關行業的專業知識和技術，一方面提高生產效率，增加利潤；另一方面，僱主可以省卻培訓員工的時間，減省開支。擁有相關知識的大學，逐漸淪為「職業培訓所」。有志在社會大展拳腳的學生，入學時紛紛報讀前景最吃香的科目，希望在畢業的時候找到一份薪酬可觀的工作。

---

* 原文題為〈香港中文大學的通識教育改革與大學理念〉，收入熊思東、李鈞、王德峰等編：《通識教育與大學：中國的探索》(北京：科學出版社，2010)，頁181–192。

大學為了爭取更多優秀的學生和資源，開辦有關課程，培訓相關專才，滿足社會上各行各業對專才的需求。另外，由於社會的分工越來越精細，連帶大學中科目的分類亦越來越細碎。各個科目之間沒有溝通，各自為培訓人才、做研究而閉門努力。對於一個學科的發展，這無疑是最有效的方法。可是，學科之間缺乏溝通，意味著各種知識缺乏一個指引，學術、知識再不是一個整體。大學裡的本科生對主修以外的科目一無所知，一旦面對本科以外的問題，就會顯得手足無措。他們不再追問人生的意義、價值、目的，亦不懂得回答這些問題。由此可見，社會、學生對大學的要求造成相當壞的影響：社會的政治和經濟主導著大學發展和研究的方向、大學喪失原本的理念和使命、大學生視大學為事業的踏腳石，只著重功利的考慮，忽略個人的全面發展。以上種種，屢見不鮮。大學被社會、學生牽著走；大學分科越來越專門，本科生鮮有涉足本科以外的知識，是一個不爭的事實。想要擺脫現況，回到原初、中世紀時最理想的大學形態，是不切實際的想法。

不過，在當下惡劣的情勢中，大學的發展和大學教育的意義仍然有一線曙光。在非常有限的條件下，通識教育扮演著一個相當重要的角色。一方面，通識教育能夠打破學科之間的隔膜，在零散的學科中為學生提供一個比較整全的教育；另一方面，通識教育能夠指導學生回應人生的意義、目的等問題。

大學的危機

創立於1636年的哈佛大學，是美國歷史最悠久、最富有、最具影響力的大學。這所坐落於麻省劍橋的學院，自創校以來培養了無數人才：英國外交家喬治‧唐寧（George Downing）、美國國務卿亨

利‧基辛格 (Henry Kissinger)、世界首富比爾‧蓋茨 (Bill Gates) 等，
都是來自哈佛大學。2005年英國泰晤士報刊登了全世界大學的排
名，哈佛大學的總成績名列第一。無庸置疑，哈佛大學是一所頂級
的世界學府。可是，在哈佛大學擔任教授超過三十年的哈佛學院前
任院長魯易斯 (Harry R. Lewis) 以教師、以職員的身分對哈佛大學進
行一個內部反省。魯易斯對哈佛大學的評價，恰恰成為其2006年出
版的著作的名稱——《失去靈魂的卓越：哈佛是如何忘記教育宗旨的》
(*Excellence without a Soul: How a Great University Forgot Education*)。他
說：「哈佛大學教導學生一流的知識，卻沒有指導他們成為有智慧的
人。我相信哈佛大學教導的學生都能在學術和課外活動取得非常卓
越的成就。可是，他們接受的教導並不一貫。在畢業的若干年後，
沒有幾個學生能回答以下一個簡單問題：哈佛大學給你的教導中，
哪一項是最重要的？……一所優良的大學應該協助它的學生理解人
類處境的複雜性；最起碼也要教導學生一些人生智慧，告訴他們其
他人是如何面對一個經過反省的人生的困難。一所優良的大學亦應
該挑戰學生既有的思考模式，刺激他們提出一些困擾但非常重要的
問題。對於我個人來說，在人類思想最優越的傳統中，能夠把握人
生中最基本的問題，是成為一個有教養、富責任感的成年人的一個
重要指標。」[1]魯易斯對大學的意義作出一個深刻的反省。哈佛大學
在研究和傳授知識的層面，絕對是一流；哈佛大學的畢業生也是絕
頂優秀的人才。可是，在哈佛大學工作了大半生的魯易斯卻指出他
們都是「沒有靈魂的」。不單學生沒有靈魂，作為一級學府的哈佛大
學也是沒有靈魂。從魯易斯批評哈佛大學的教學方針，可見大學是
一個應該「有靈魂」的地方，能夠回應人生的基本問題。學校「有靈

1　Harry R. Lewis, *Excellence without a Soul: How a Great University Forgot
　　Education* (New York: Public Affairs, 2006), 255.

魂」，就能夠指導學生回應和面對人生種種問題；學生「有靈魂」，他就會主動發問有關人生目的、價值、意義等問題，確立自己的人生方向，不僅僅以學習專門知識為目的。

魯易斯的批評發人深省，一語道破當下大學和大學生的弊端，值得我們參考。另一位學者，都不約而同地指出現今大學生的思想沒有受到適當的指導。阿倫‧布盧姆是芝加哥大學的教授，在《美國精神的封閉》(*The Closing of the American Mind*) 中，詳細說明了學科高度專門化和分工的後果。「教育當然包含一個求知的過程，只不過，學生只是學習一小部分的課程。」[2]大學提供各式各樣、不同種類的課程供學生選擇。學院的數目已然繁多：商學院、法學院、文學院、理學院、社會科學學院等。學院以下的學系更是多不勝數。可是，在眾多的學科、課程之中，缺乏一個整體、指導學生的求學過程。「當一個學生進入大學時，面對著浩瀚如星的學科，他感到非常困惑、茫然失措。沒有一個由大學中各學院、各學系共同協商的指引，告訴學生他**應該**學習甚麼。」[3]文中提及學生「應該」有一個學習的對象。各個學系的學生，固然要學習本科的課程，這個顯淺的道理毋需大學發出指引給學生參考。阿倫‧布盧姆指出學生「應該」學習「相當程度的人文學科」。[4]他的著眼點並非學生的本科學習，而是針對個人成長，讓學生擁有獨立思考的能力，籌劃自己的人生。另一方面，眾多學科之間缺乏溝通，亦是令學生感到困惑的原因。「大學中每一個學系和學院都為自己『挖坑』，每一個『坑』各自提供一堆課程給學生。可是，學生怎樣從中選擇合適自己的科目？科目之間有沒有甚麼關聯？事實上，科目之間沒有溝通。他們互相競

2　Allan Bloom, *The Closing of the American Mind* (New York: Simon and Schuster, 1987), 338.

3　同上註，頁338。

4　同上註，頁339。

爭，互相矛盾，卻不自覺。」[5]阿倫・布盧姆採用「坑」的比喻，非常貼切，生動地描繪出大學的弊病。大學生只能埋首於自己的本科之中，而不能對更重要的人生問題加以思考。他希望大學教育能回到古典的傳統中。

以上兩位學者對現今大學的批評，都關注到一個相同的問題：大學缺乏理念，只是成為一所工廠、一個市場，販賣知識、培訓工人。表面上看，僱主、學生、大學形成一個「三贏的局面」：每年的畢業季節，僱主能夠從市場選取一批優秀、能幹的學生；學生亦能憑自己的努力，接受為期三至四年的大學教育，就能找到一份優厚的工作；大學依靠開辦吃香的課程，吸引大批有志於此的學生，獲取資助。可是，真正獲益的可能只是僱主。

現今的大學都誤解了「優越」的意思，比爾・雷丁斯(Bill Readings)說：「優越(excellence)一詞成為各大學爭相競逐的榮譽。因此，要理解當今大學的運作，就必須了解優越的意思。當然，大學可能已經扭曲了優越的原義。現在，優越已不再是「整體素質管理」(total quality management)的同義詞……學校的最終目的已再不是培育一個有素質的學生，而是一個優越的學生。當一所大學被評為優越，不單看起來像一個企業，而真的是一個企業。在一所優越的大學畢業的學生，不僅看來像一個顧客，而真的是一個顧客。」[6]

香港中文大學的校訓是「博文約禮」。「博文約禮」出自儒家經典《論語》。「博文」的意思是廣泛吸收不同範疇的知識，開拓眼界；「約禮」是指按照禮儀，對自己的行為加以約束。由此可見，中文大學的校訓有兩大原則：第一，培育學生成為一個有知識的人才；第

5　同上註，頁339。
6　Bill Readings, *The University in Ruins* (Cambridge: Harvard University Press, 1996), 21–22.

二，指導學生成為一個有道德的人。可是，在中文大學近年的《大學概況》首頁中，「我們的使命」和「我們的願景」都忽略了大學校訓的原意。「我們的使命」是「在各個學科領域，全面綜合地進行教學與研究，提供公共服務，致力於保存、創造、應用及傳播知識，以滿足香港、全中國、以至世界各地人民的需要，並為人類的福祉作出貢獻。」而「努力成為香港、全國及國際公認的第一流研究型綜合大學，並使我校建立於雙語及跨文化傳統的學生教育、學術成果及社會貢獻，均保持在卓越水平」，是「我們的願景」。兩者都側重於校訓中知性的一面，強調知識的重要性；更甚者，它強調知識的工具價值，以知識換取物質上的利益。

香港中文大學「使命」和「願景」的方針，注重人才培訓、學術研究，乏略學生個人素質的培養，也許並非出於偶然。大學教育資助委員會於 2002 年發表的「香港高等教育」報告書清楚列明，高等教育之主要目的，是確保香港的經濟發展。面對知識型經濟無可避免的來臨，報告提到：「那正是香港未來經濟發展的關鍵所在。香港只有憑藉受過優良教育而且具備必需技能的勞動力，才可成功建立『知識經濟』。作為舉世知名的先進城市，香港非但適合而且必須建立知識經濟。」[7]

這個目的其實只是重複及重申前港英政府十數年前，對高等教育所制定的路向。當時大學及理工教育資助委員會 (University and Polytechnics Grants Committee，UPGC) 曾在報告中說明：「在香港投資發展達到世界水準的高等教育院校，以及院校所提供的機會，特別是諸如技術轉移的機會，亦肯定會對內地帶來裨益。」[8]

---

7   R. Sutherland Steward, *Higher Education in Hong Kong: Report of the University Grants Committee* (Hong Kong: University Grants Committee, 2002), 4.

8   *Higher Education 1991–2001: An Interim Report* (Hong Kong: University & Polytechnic Grants Committee of Hong Kong, November, 1993), 9.

大學的功能性及專業性作用都已被視為必然。這強調了對院校執行質量控制，以確保大學有足夠的生產，去面對社會所謂「知識型經濟」的挑戰。然而這正是積遜・李爾斯（Jackson Lears）所說的對「學院的學術自由」之最大威脅。他談到：「受市場推動的管理模式，對大學帶來最大威脅：以數量標準的效率及產量釐定大學表現，將知識看成為商品，將求學的公開場所變成企業化的研究實驗室，和職業訓練中心。」[9]

以商業機構模式營運大學、將學問傳授視為產品，是現時高等教育政策暗地執行的兩個商業本位之運作方式。如果商業本位就是大學的宗旨與理想，那我們還需談甚麼大學理念？

大學的理念

大學，University，本為西方的概念。假如我們撇開古希臘柏拉圖的學院（academia）和亞里士多德的呂克昂（lyceum）不談，那麼大學（universitates）就最先出現於十二世紀的法國巴黎和意大利波倫亞（Bologna）。有趣的是，它們都是為了專業和功利的考慮而建立的。大學是由一些專業的行會（guild）所創辦的。「他們成立大學的目的是為了規範他們對專業人士的指導和培訓，以及確保大眾能夠進入高等教育的世界。」[10] Universitas、stadium generale，原初被認為「是為了應付對律師和日益增加的需求，以滿足教會和國家日益複雜的行

9　Jackson Lears, "The Radicalism of Tradition: Teaching the Liberal Arts in a Managerial Age," *The Hedgehog Review* 2 (2000): 8.

10　James Bowen, *A History of Western Education*, vol. 2 (London: Methuen, 1975), 109.

政架構。」[11] 因此，最原初的大學的書院全都是專業學校。[12] 由此可見，在功能上，古時候的大學與現今的大學沒有多少分別。

而現代的大學理念則是十九世紀英國和德國的產物。約翰・紐曼 (John Newman) 在其經典之作《大學的觀念》(*The Idea of a University*) 中提出反對大學只著重功效用途最重要的一個論證。[13] 大學的目的是為了培育一個有教養的人，而不是為了培訓專業人才。有教養的人是社會的精英，是有學問的紳士。博雅教育的概念包括以一種哲學的方法去獲取知識，也就是將所有知識串連起來，從一個整體的角度把握知識。因此，大學將學術自由、以及對知識本身的追尋視為寶貴的價值。為了向學生提供這種博雅教育，大學教導「知識中所有的分支，以教導所有知識。」大學並非一個生產政治領袖和工程師的機構。另一方面，大學應該將發展知識的工作交給研究機構。根據紐曼的想法，大學最基本的目的是培育一批「社會上的良好公民」。他解釋道：「只有教育能夠讓一個人看清楚自己的意見和判斷；教授真理，讓每一個人能發展自己的想法；提供雄辯的機會，讓每一個人能發表自己的意見；並給予他們支持和鼓勵，讓每一個人有動力去追尋自己的理想。大學應該教導學生看清楚事物真相的方法；教導他們做事一矢中的、一針見血的能力；教導他們消解糾結在心中的想法；教導他們分辨完熟的事物；教導他們放棄無關痛癢的東西。大學應該為學生們準備一切能夠讓他們勝任任何工作的功夫、為他們準備一切能夠讓他們掌握所有學科的設備。大學應該

11　同上註，頁103。
12　有四個最主要的專業學院：藝術學院、神學院、法律學院、醫學院。巴黎先建立博雅教育和神學院，波洛倫先建立法律學院，沙洛勞 (Salerno) 則先建立醫學院。
13　John Newman, *The Idea of a University*, ed. Ian T. Ker (Oxford: Oxford University Press, 1976).

教導學生與人相處之道；教導他們將心比己、易地而處之道……使他能適應任何環境的生活。」[14]

誠然，紐曼並沒有為紳士的概念添上新的色彩。他只不過以現代的手法重新包裝亞里士多德對於博雅教育的理解，亞里士多德亦認為博雅教育是為了培育「自由人」(free man) 和良好公民 (good citizen)。紐曼重視的博雅教育已經成為絕大部分博雅文學院的楷模。它統合了大學的理念和博雅教育，以融合博雅教育和通識教育的方式，確立它們在大學課程中的首要重要性。

另一方面，德國以「*Bildung*」的概念闡釋大學的理念。百里浩 (Gerhold Becker) 勾勒出 *Bildung* 的哲學意思及其對於大學理念發展的重要性。從費希特 (Johann Gottlieb Fichte) 到洪堡特 (Wilhelm von Humboldt)，雖然他們的思想都帶著濃厚的德國觀念論色彩，但是都呼應著紐曼的大學理念。洪堡特一改大學乏略研究的風氣，十九世紀初他在柏林大學舉行一次改革，強調學術的自由、整全性、重要性。洪堡特的改革是現代研究型大學的基石。洪堡特當然不會否定「紳士教育」的重要性，但同時他不會認為「紳士教育」是大學唯一的任務。不過洪堡特認為以研究來追尋真理有優先性。*Bildung* 其實是古希臘 *paideia* 的一個現代的解釋：透過教育，培育一個人最理想的品格。百里浩總括 *Bildung* 的意思：「在大學的內在組織中，它衍生出思想的結構，並且將它轉化為『社會─文化』現實。因此，高級學習的理想是就是透過知識實行 *Bildung* ── 在尋找真理的過程中，將學生培育成一個自主的個體。要實行 *Bildung*，最理想的地方自然是大學。大學當然可以提供其他目的，例如將學生訓練成一個社會上的領袖。不過，這只能夠是次要的目的。洪堡特相信，只要是向

14　同上註，頁145。

真理前進，並且只為真理而前進，就可以成就一個人的個體性和品格，為充滿各種各樣經驗的生活提供一個整體性的原則。」[15]

Universitas 是一個古老的概念，它原初的意思是 *magistrorum scholarum*，也就是學生與學者共享的社區，然後它由中立的描述轉變為一個哲學的、理想的概念。*Universitas* 一字中的 *unum* 指知識與人之間的一個整體，並以一個最高級的姿態實現的一個整體。

可是，如此理想的大學理念經不起二十世紀急速發展的科技和經濟的挑戰。在社會全民接受教育的要求下，紐曼的精英大學教育變成一個貴族式、保守的想法。學術界孤立於社會之外，令它無力對抗納粹黨的興起。卡爾・雅斯培 (Karl Theodor Jaspers) 的《大學的理念》(*The Idea of the University*) 在二次大戰後，透過重新審視大學的意義，直接回應歐洲文明的重建工作。據雅斯培所說，現今大學有以下四個主要功能：研究、教學、專業教育、文化的傳遞。[16] 另一方面，現代西班牙哲學家奧特嘉 (Ortega) 在他的著作《大學的任務》(*Mission of the University*) 中，雖然同意文化的傳遞、專業教育、科學研究、培訓科學家均是現代大學的功能，但是大學的真正功能是教導學生「廣泛、普遍的文化」(general culture)，他解釋：「今天所謂的『廣泛、普遍的文化』，意思跟中世紀時的有很大差別。它並不是思維的裝飾物、也不是品格的鍛鍊。相反，它是一整套理念，關懷當時世界與人文世界的事務。」[17]

15　Gerhold K. Becker, "Unity and University: The Neo-Humanist Perspective in the Age of Post-Modernism," *International Philosophical Quarterly* 34, no. 2 (1994): 177–189.

16　Karl Jaspers, *The Idea of the University* (London: Peter Owen, 1965), 51ff.

17　José Ortega y Gasset, *Mission of the University* (New Brunswick, N.J.: Transaction Publisher, 1992), 33.

通識課程的目的

「通識教育」是當代美國所發明的產物，以往及至現今的歐洲大學均無類似課程。因此通識教育的必要性一直受到爭論，始終無證據證明，設有通識教育的大學質素高於沒有通識教育的大學，而且，通識教育的意義與內容仍未受學者及教育工作者完全認同。[18] 然而美國各大學成立通識教育實有一共同原因，各種不同的通識教育課程，如哥倫比亞大學及哈佛大學的「核心課程」(Core Curriculum)、芝加哥大學的「通識教育課程」(General Education Programme)，皆是針對自二次大戰後，這幾所大學的本科課程過度專門化 (specialization) 以及專業化 (professionalization) 的問題。專門化令學生思想偏狹武斷，專業化則只著重知識的功用性價值。思想狹隘的專業人士，可能會在其專業範疇得到成功，卻永不能成為真正受過教育有文化的人。這就是傳統的 *paideia* 及 *humanitas* 觀念 —— 人成為專業人士前必先受教成為人。從這方面看來，通識教育其實是博雅教育傳統的延續。

人文教育之理念起源於西方典型文化傳統。人文教育植根於希臘的 *paideia*，及後引申為拉丁文 *humanitas*，並由文藝復興時期的人文學者進一步將之融合為 *studia humanitatis*。人文教育一直是人類及教育課程之理想。*Studia humanitatis* 的宗旨乃教育學生成為一個自由的人及良好的人民。

Universitas 是拉丁文，它的字根是 *uni* 和 *versus*，意思是「統合為一」和「統合為一個整體」。[19] 通識教育 general education 一詞源自拉丁

18　Ernst L. Boyer and Arthur Levine, *A Quest for Common Learning: The Aims of General Education* (Washington DC: The Carnegie Foundation for the Advancement of Teaching, 1981).

19　Thomas Boudreau, *Universitas* (London: Praeger, 1998).

語 *studium generale*，即「來自各方的人一起學習」的意思。General 在這裡並非一般人理解的「普通、簡單」，而是取其拉丁文的原意 for all——為所有人而設、涵括所有人。事實上，十一、十二世紀歐洲大學興起時，*studium generale* 便等於「大學」（*universitas*）。由此可見，「通識教育」在大學教育中的角色不是輔助性的，而是體現大學理念的場所。另一方面，大學不僅是一個學生和教師聚集的地方。赫欽士（Robert Hutchins）是芝加哥大學通識教育的始創者。他認為通識教育是「基礎概念的共同蓄積」（common stock of fundamental ideas），是為每所大學所必須的。他說：「除非學生與教授（特別是教授）接受共同的知識訓練，否則大學必須保留各個不同的學院和學系，除由一位主席及同一個理事會管理外，其他方面不應統一。」[20] 而通識教育就是學生與教授共同享有的知識蓄積。

通識教育與歷史傳承

有關通識教育的意義與內容，學者與教育工作者未有一致意見。環顧世界各地的通識教育課程，都必須因應所屬大學的不同教育理念和社會環境，而作出不同的定義。格雷咸・古德（Graham Good）認為：「大學應該忠於自己的過去（回顧過往的歷史）和未來（前瞻式的視野），以抵抗現在眼光狹窄的弊端。」[21] 教育必須能回應不同時代的不同需要，因時制宜。換句話說，沒有一個通識教育的定義或課程設計是放諸四海皆準、恆久不變的。

---

20 Robert Maynard Hutchins, *The Higher Learning in America* (New Brunswick: Transaction Publishers, 1995), 59.

21 Graham Good, *Humanism Betrayed* (Montreal & Kingston: McGill-Queen's University Press, 2001).

中文大學四所書院中，以崇基學院和新亞書院的歷史最悠久。
我們通識教育的課程規劃，亦應該參考它們的書院精神。崇基學院
在 1951 年由基督教人士創辦，提倡西方的博雅教育。博即博學，也
就是要對各個範疇的學問有相當的認識；雅即道德，也就是對學生
的人格、德性、品行的培養。新亞書院由一代儒者錢穆、唐君毅、
張丕介等於 1949 年創辦，一心宣揚中國文化。新亞校歌一段：「十
萬里上下四方俯仰錦繡，五千載今來古往一片光明。十萬萬神明子
孫，東海西海南海北海有聖人」，反映新亞先賢相當重視中國源遠流
長的文化傳統，並以此對年青一輩作道德教化。既然通識教育的內
容要因時制宜，那麼中文大學的通識教育課程亦應當汲取崇基和新
亞兩所書院的精粹：崇基學院的西方博雅教育思想、新亞書院的中
國人文精神。前者為學生提供廣博的知識；後者則培養學生的品
格。將崇基和新亞兩所書院的精神結合起來，就正是紐曼提倡的大
學理念！

中大通識教育課程改革

中文大學由於學制的關係，在眾多本科生之中，只有小部分同
學能升讀研究院。絕大部分的本科生完成三年（將來四年）的大學課
程之後，便需要投身社會工作，也許再沒有機會接受高等教育。

中文大學的四個通識課程範疇，目的是要把人文教育帶回大
學的課程裡。將通識課程劃分為四個範疇的構思，是來自新亞先賢
唐君毅先生對學術理解的啟發：各個學科其實對人的存在、人的生
命有很密切的關係。不論人文學科、自然科學，還是社會科學，對
於人如何了解自己、身邊環境與他人的關係，都有很重要的位置。
所以說，後面三個範圍其實與中大建校傳統亦有一種內容上的承傳
關係。

　　與其他本地或美國大學不同，中大的課程並非根據學科劃分範疇，讓不同的學術科目皆能保持各自獨立性。但通識教育 *studium generale* 的正統意義，是讓眾學者與學生在一個社群裡接受教育及學習。「通識」的 general 不單是指「全部」而是「共同」，故此通識教育的意義，其實是大學全體給予所有人的共同教育。通識教育的模式，並非讓學生從每個學科去選擇，而是由該學科的教授，為來自其他學系的學生設計並不需任何先修知識的課程。配合唐氏的人文學術教育理念，四個範疇皆是構想自人類存在的最基本知識重點：我們必須了解自己的文化承傳、與自然環境的關係、與社會的關係，以及發掘自我，以成為有能力自覺及反省的人。

　　中文大學的課程設計離開傳統以學科為單位的劃分，一方面以智性的關懷作為出發點，讓各個學系的本科生涉獵其他範疇的知識，以回應中文大學校訓的其中一個目的——「博文」。另外，現時通識課程的設計，旨在回應大學教育的核心問題：在現今香港社會，大學生除了本科的專業訓練外，還需要甚麼教育、修養，才可以在畢業時稱得上為一個有文化、有學問、有教養的知識分子？大學給予學生的教學，怎樣才能達到中文大學校訓的另一個目標——「約禮」，使學生成為一個有道德使命感、認清人生方向和意義的人？

　　有見及此，通識課程乃針對大學校訓的要求而作出相應的劃分。通識教育分為四個範疇，包括：「文化傳承」、「自然、科技與環境」、「社會與文化」、「自我與人文」。[22]

　　「文化傳承」要求學生對中國博大深厚的文化有基本認識，更要對中國文明的主要特色有全面的了解。課程的設計讓學生從多個角度進入中國文化，從歷史、社會、學術等角度，學會欣賞及評價自

22　有關四個範疇的名稱改動，請參考本書頁 xix 註 1 的編按。

己的文化傳統。通識課程不但提供一個讓學生回顧歷史、了解自己身處的文化背景的機會，更設計出讓學生認識現今發展急速的社會的課程。在二十一世紀，急速發展的科技對生態造成嚴重的破壞。

「自然、科技與環境」的課程讓學生了解人類在自然所扮演的角色、人類各種活動對環境做成的壞影響、科學及科技的發展對生命與社會的衝擊等。

「社會與文化」一課教導學生有關於人類社會及文化的形成、社會文化的普遍性及多樣性等知識；此外，亦為學生介紹研究社會、政治、經濟和文化問題的理論和方法。要展望將來，除了回顧過去、了解現在，亦必須對自己有所了解。這個要求，正好呼應著古希臘先哲蘇格拉底一再強調的格言──「認識你自己！」(Know Thyself!)。

「自我與人文」反省他人與自己的關係，讓學生探討人類生命各種價值和意義；透過人文學術、思考方法等相關學科的研習，誘發學生思考人生的意義、方向、價值、目的等問題，從而加深對自己的了解。

在原有的基礎上，中文大學的通識課程改革應當回顧自己的歷史，加以發展和創新。中文大學於 1963 年成立，第一任校長李卓敏先生在就職演講中說出建立中文大學的宗旨：「結合傳統和現代，融會中國與西方。」李卓敏先生的創校宗旨，正好為通識課程的改革提供一個富參考性的指引。現時有關改革的初步構想，是在課程之內教導學生世界文化，羅列各地由古自今、有代表性、重要性的文化；另外，亦會加入中西經典研讀。透過比較各個文化的思想，加深對自己的傳統文化的了解，擴闊學生的國際視野。除了中、西文化、思想的比較之外，更希望新的中西文化課程能引導學生將中、西的觀念與本科的知識融會貫通，使學生有一個由知識、人生、文

化、道德構成的完整系統，以通識教育將十九世紀的大學理念灌輸
到每一個學生的身上。

結語

通識教育無非想培訓德智兼備、優越的學生，但是必須要適得
其所。美國哲學家懷海德（Alred North Whitehead）對教育的目的有以
下的看法：「雖然知識的傳遞是學術教育的一大目的，不過我們不應
遺留另外一個重要的元素。雖然它的意思比知識來得含糊，但卻比
它來得重要。古時候的人把它稱為智慧（wisdom）。要成為一個有智
慧的人，就必須先對知識有一定的把握；可是，有豐富知識的人卻
可能連丁點兒智慧也沒有。智慧在知識之上。它處理知識的運用，
為相關的問題選擇適當的知識，並豐富我們的經驗。我們能夠得到
圓熟運用知識的自由，是我們最熟悉不過的自由。古人比我們更清
楚以智慧駕馭知識的必要性。可是，在實踐教育（practical education）
的範疇中，他們用了錯誤的方法追尋智慧。簡單來說，他們均普遍
認為單靠哲學家的演講，就能將智慧傳授給學生。……可是，要讓
學生獲得智慧，除了容許學術自由、有系統地講授經整理的資料之
外，別無他法。」[23] 中大提供的通識教育，正好滿足傳授智慧的要
求，博雅教育和人文精神雙管齊下，為香港培育一批「優越，而且有
靈魂」的下一代。

---

23 Hanna H. Gray, "The Aims of Education," in *The Aim of University* (Chicago: University Publications Office, 1997), 77.

第 7 章

通識教育與人生問題[*]

大學通識教育課程

大學通識教育在中港台，甚至在美國，對於學生必須學習的領域與課程，至今還沒有定案。有關通識教育的意義與內容，學者和教育工作者都從未有一致的意見。美國的大學對設立通識課程卻有一個共同理由，無論是哈佛大學的「核心課程」、芝加哥大學的「經典名著」或哥倫比亞大學的「西方的文明」等課程，都是對二次大戰後大學課程專門化、專業化的回應。專門化引致知識的偏狹主義與教條主義，而專業化則只強調知識的工具價值。一個思想狹窄的專家，在自己的專業知識領域上可能非常成功，但卻不能算是有教養的文化人。這點涵有回歸古典教育理念 *paideia* 和 *humanitas* 的意思，認為一個人在成為專家之前，必須先接受教育成為真正的人。如果通識教育忠於其目標，其課程基本上要教授給學生的並不單是具體知識，而是洞察力及智慧——理解知識與世界的性質之洞察力，及有能力迎接現代生活挑戰的智慧。透過這些課程，希望能令學生成為一個「全人」。

---

[*] 原文載胡顯章編：《走出「半人時代」——兩岸三地學者談通識教育與文化素質教育》(北京：高等教育出版社，2002)，頁61–83。

如何能達到通識教育的理念，讓學生成為有獨立思想、文化修養、自由的知識分子、世界公民、甚至一個「全人」？課程內容應該有甚麼共通點？這並沒有確定的答案。每所大學自有其地區及文化傳統，以及特殊的目的，因此通識教育很難有共同的特定方案，設計一個良好的教程。筆者根據多年從事中文大學的通識教育工作，認為香港的大學通識教育教程應涉及以下的範疇：

（1）對知識的綜合與分類的理解：所有學科都是知識宇宙中的一環，而各學科間之關係亦應予以認識和討論。一方面能突出各學科之間互相依存的特性，另一方面又顯出知識追求本身的學術尊嚴。要讓同學認識到每個知識學科之間的關係，擴闊學生對不同學科知識領域的認識，除了專科的知識外，也應該對其他學科的意義和價值有所理解，以期補救現代大學學科偏狹之弊。

（2）對文化與歷史的理解：對現代世界有所了解，這自然包括中西文化。過去百年來，中西文化一直是我們關心的問題。在全球化的大趨勢下，除了中西文化，更應對其他文化有所認識，例如回教文化，與中西文化作一對照。這樣，我們才能對現代當前的世界有真正的認識。

（3）對現代科學世界的理解：對現代科學與科技及其影響有基本認識，有助個人了解自己在現代世界中所扮演的角色。

（4）對政治意識型態與價值體系的理解：一個現代的知識分子應該對民主、人權、自由主義、資本主義及社會主義等概念有理性的認識。之外，我們還要考慮到價值的問題，例如醫學倫理、商業倫理、科技倫理等等。這些價值、道德、政治的問題都與現代生活息息相關。

（5）對藝術的認識：藝術審美教育能幫助人類認識自己的創造能力，同時能夠欣賞及享受藝術的成果。學生除了學習專業知識，

還要在美育方面得到發展，讓他們懂得欣賞藝術、享受人生，否則生活就會變得枯燥乏味。

(6) 對自我與人生的認識：一個有教養有文化的大學生應該對人生問題有所理解和反省。例如生命的價值和意義、人的哲學、現代與後現代人的處境等問題。

通識教育與人生問題

筆者自1992年加入香港中文大學，過去近十年都為通識教育的信念與理想而工作，並且隨著社會的變遷、文化的轉變、大學本身的發展，開設新的科目。筆者就著上述第六個範疇發展了五個科目：「死亡與不朽」、「愛情哲學」、「性與文化」、「幸福論」和「烏托邦思想」，嘗試從多元的學術觀點，讓同學探考和思索生命中需要面對的問題。此五個科目，雖然並非必修學科，也不是每學期都會開辦，但這至少能為同學提供機會，涉獵有關的知識，懂得從廣義的哲學導向，圍繞三個方向探討人生的問題：

(1) 中西文化、歷史的背景：香港是東西文化匯聚之地，中西傳統不單並存，而且互為影響、互相融合，因此學生亦應該從較宏觀的文化角度、歷史層面，探討和學習前人的智慧，跟當前的意義作出比較，理解和分析愛情、性愛、幸福的意義、烏托邦思想等等的課題。

(2) 對應當前人生的問題：愛情、性、幸福、理想、死亡、不朽、生命意義等等，都是同學的切身問題，也是他們必須面對的人生挑戰。我希望同學能領會中西文化的思想，反省自身的存在，並且緊扣當前情況，懂得面對和處理人生的問題。

(3) 跨學科研究：通識教育是要打破專門學科狹隘的框框，了解到學術世界中不同領域的相互關係，讓同學從文學、歷史、社

會、文化人類學、政治學的多元角度，探討死亡、性與文化等人生
課題。「死亡與不朽」涉獵哲學、宗教、人類學的知識；「愛情哲學」
觸及文學、哲學、心理學、社會的層面；「性與文化」關乎心理學、
哲學、文學、人類學；「幸福論」談及哲學、當前文化研究的意義；
而「烏托邦思想」則牽涉到哲學、政治、社會學的層面。

　　上述五個通識科目著重處理人生的意義，同時彼此亦有緊密的
關聯：「死亡與不朽」探討的是生命的問題，是對生命價值、人生方
向的醒覺和理解。我們從死亡中探索人生的意義，當中必然涉及人
與人之間的關係，「情愛」問題因此而起。愛情是人生重要的課題，
同時也是年青同學的最大關懷。而「愛情哲學」就希望同學能對愛
情/情愛有所反省，掌握中西文化對愛情的不同觀念；既理解柏拉
圖之欲愛、西方浪漫之愛，也領悟到中國之「情」，從而取得啟示。
談到「愛」，自然要提及「性」。「性」是現今社會很重要的問題，而「性
與文化」就是要從中西文化的不同角度，探討「性」在文化上建構的
意義和其中的演變、傳統中西方對男女性別的看法。此外，我們還
會討論「性」在當前文化中趨向商品化、成為消費品的問題。現今社
會以物質享受為主流，以享樂為人生目的。但是人生價值是否就只
如此？幸福的意義是甚麼？「幸福論」嘗試從不同角度探討快樂與幸
福的問題，追尋幸福之道。從個人幸福推展至社會及世界層面，那
就是烏托邦思想的課題。「烏托邦思想」嘗試從人類歷史以及哲學思
想的角度，探究完美社會和理想世界的問題。

課程的設計與教學

　　課程每科目教授期大概為14週，每週講課時數為兩節（每節45
分鐘），另每隔兩週有助教負責導修課兩節。收生人數約60至80

人，導修課分組人數不多於十人。每節講課均備有參考資料，並要求同學閱讀指定參考書；導修文章合共五篇，導修課通常是由同學報告文章，然後分組討論。此外，個別科目更會加插輔助活動，例如「愛情哲學」一課安排了四場「談情說愛」晚間座談會系列，包括電影播放及討論、西方情愛繪畫雕塑的欣賞、古今中外愛情與音樂的探討，還有情詩朗誦欣賞晚會。

學生成績評核方面，則根據導修與讀書報告或論文、期末考試成績，按比例評分。

「死亡與不朽」、「愛情哲學」、「性與文化」、「幸福論」與「烏托邦思想」五個科目的課程大綱及第一課的講題大綱，各臚列如下以供參考：

表 1　GEE 2901A「死亡與不朽」課程大綱

課程大綱	1. 導論：死亡之奧秘
	2. 死亡與不朽的神話
	3. 哲學傳統
	3.1 死亡與不朽的哲學反省
	3.2 柏拉圖傳統：靈魂不朽論
	3.3 伊壁鳩魯與斯多亞學派：視死為無論
	3.4 儒家：樂生惡死觀
	3.5 道家：死生自然說
	4. 宗教傳統
	4.1 宗教之終極關懷：永生、復活與不朽
	4.2 猶太與基督教：復活——死亡為生命之轉化
	4.3 佛教：死亡與輪迴
	4.4 道教：不死之探求
	5. 死亡與人之存在
	5.1 死亡與現代世界
	5.2 死後存在的問題
	5.3 死與生之意義

主要參考書目	1. Aries, Philip. *Western Attitudes toward Death*. Baltimore and London: Johns Hopkins University Press, 1974. 2. Aries, Philip. *The Hour of Our Death*. New York: Alfred A. Knopf, 1981. 3. Bailey, Lloyd R. *Biblical Perspectives on Death*. Philadelphia: Fortress Press, 1979. 4. Carse, James P. *Death and Existence*. New York: John Wiley & Sons, 1980. 5. Davis, Stephen T. *Death and Afterlife*. New York: St. Martin's Press, 1989. 6. Kramer, Scott, and Wu Kuang-ming. *Thinking through Death*, vol. 1 & 2. Malabar, Fl.: Robert E. Krieger Publishing, 1988. 7. Momeyer, Richard W. *Confronting Death*. Bloomington: Indiana University Press, 1988. 8. Obayashi, Hiroshi. *Death and Afterlife*. New York: Greenwood Press, 1992. 9. Toynbee, Arnold et al. *Life after Death*. London: Weidenfeld, 1976. 10. 唐君毅:《人生之體驗續篇》。台北:學生書局,1961。 11. 藍吉富、劉增貴編:《中國文化新論:宗教禮俗篇 —— 敬天與親人》。台北:聯經,1982。 12. 江大惠等編:《死死生生》。香港:崇基學院神學組,1987。 13. 越遠帆:《死亡的藝術表現》。北京:群言出版社,1993。 14. 段德智:《死亡哲學》。台北:洪葉文化,1994。 15. 孫利天:《死亡意識》。吉林:吉林教育出版社,2001。
評分標準	導修:報告及討論　　　20% 論文　　　　　　　　30% 期末考試　　　　　　50%
導修文章	1. 托爾斯泰:《伊凡・伊里奇的死》(Tolstoy, Leo. *The Death of Ivan Ilyich*)。 2. Nagel, Thomas. "Death." 3. 唐君毅:〈死生之説與幽明之際〉。 4. Price, H. H. "What Kind of Next World?" 5. Momeyer, Richard. "If Immortality Were Possible, Would It Be Good?"

第一課講題 大綱	1.　導論：死亡之奧秘 　　1.1　Mysterium mortis 　　　　1.1.1　死亡之課題 　　　　1.1.2　死亡之討論 　　　　1.1.3　*Mors certa, hora incerta* 　　　　1.1.4　死亡之恐懼 　　1.2　為何有死？ 　　　　1.2.1　死亡之荒謬 　　　　1.2.2　對死亡之反叛 　　　　1.2.3　超越死亡之盼望 　　1.3　死亡與不朽之研究 　　　　1.3.1　死亡之態度 　　　　1.3.2　文化差異 　　　　1.3.3　人性問題：靈魂、意識與肉體 　　　　1.3.4　不朽之模態：滅絕、輪迴、復活、不死與永生 　　1.4　死亡研究之意義 　　　　1.4.1　存在問題：我與他人之死 　　　　1.4.2　死在生命之中 　　　　1.4.3　生命之意義
閱讀資料	1.　Iyer, Pico. "Death be not a Stranger." *Time*, August 8, 1994. 2.　林志光：〈相遇在死亡線上〉,《明報月刊》, 1995 年 8 　　月。 3.　豐子愷：〈阿難〉。 4.　Momeyer, Richard. "Death mystiques." In *Confronting Death*, 　　3–14. Bloomington: Indiana University Press, 1988. 5.　Carse, James. "Introduction." In *Death and Existence*, 1–10. 　　New York: Joh Wiley & Sons, 1980.

表2 GEE 2891「愛情哲學」課程大綱

課程大綱	
	1. 導論
	1.1 愛情／情愛現象
	1.2 愛情理論
	1.3 中西文化差異：西方之愛與中國之情
	2. 西方之愛 I：欲愛 (eros)、德愛 (philia) 與博愛 (agape)
	2.1 愛情之神話
	2.2 柏拉圖之欲愛 (Platonic eros)
	2.3 亞里士多德之德愛 (Aristotelian philia)
	2.4 基督教之博愛 (Christian agape)
	3. 西方之愛 II：激情與浪漫之愛 (Passionate and Romantic Love)
	3.1 浪漫與激情
	3.2 中古騎士愛與托里斯坦傳說 (Tristan Tale)
	3.3 愛情、性欲與死亡
	4. 中國之情
	4.1 哲學中情之思想
	4.2 文學中情之表現
	4.3 馮夢龍之《情史類略》
	5. 愛情為幻象之理論
	5.1 斯丹達爾 (Standhal) 之「結晶理論」(Crystalization)
	5.2 叔本華 (Schopenhauer) 之「盲目意志」(Blind Will)
	5.3 佛洛伊德 (Freud) 性與愛
	6. 當代愛情思想
	6.1 西方之後現代處境
	6.2 情愛個體之絕對化與相對化
	6.3 愛情的現代意義
	7. 情愛現象學
	7.1 現象學之普遍意義
	7.2 人存在之現象
	7.3 情愛現象
	7.4 情愛之形態
	7.5 情之終結
	7.6 情愛世界與日常生活世界
	8. 總結：問世間，情是何物？
	8.1 「真情」何在？
	8.2 情愛在人生之地位
	8.3 男女情愛之非必然性
	8.4 情愛之謎

主要參考 書目	1.	Alberoni, F. *Falling in Love*. New York: Random House, 1983.
	2.	Blosser, Philip, & Marshell Carl Bradley, eds. *Friendship*. New York: University Press of America, 1997.
	3.	Evola, Julius. *The Metaphysics of Sex*. London: East West Publications, 1983.
	4.	Fromm, Eric. *The Art of Loving*. New York: Harper, 1956.
	5.	Giddens, Anthony. *The Transformation of Intimacy*. Oxford: Polity Press, 1992.
	6.	Hazo, Robert. *The Idea of Love*. New York: F. A. Praeger, 1967.
	7.	Lamb, E. Roger, ed. *Love Analyzed*. Boulder: Westview Press, 1997.
	8.	Lewis, C. S. *The Four Loves*. Hew York: Harcourt Brace Jovanovish Inc.,1965.
	9.	Ortega, Y. Gasset. *On Love*. New York: Meridian Books, 1957.
	10.	Pakaluk, Michael, ed. *Other Selves, Philosophers on Friendship*. Indianapolis: Hackat Publishing Co., 1991.
	11.	Rougemont, Dennis. *Love in the Western World*. Princeton: Princeton University Press, 1983.
	12.	Santas, Gerasimos. *Plato and Freud: Two Theories of Love*. Oxford: Blackwell, 1988.
	13.	Singer, Irving. *The Nature of Love*. 3 vols. Chicago: Chicago University Press, 1960-87.
	14.	Singer, Irving. *The Pursuit of Love*. Baltimore: John Hopkins University Press, 1994.
	15.	Soble, Allen, ed. *Eros, Agape and Philia: Readings in the Philosophy of Love*. New York: Paragon House, 1989.
	16.	Soble, Allen. *The Structure of Love*. New Haven: Yale University Press, 1990.
	17.	Soble, Allen. *The Philosophy of Sex and Love*. St. Paul: Paragon House, 1998.
	18.	Solomon, Robert. *Love, Emotion, Myth and Metaphor*. Buffalo: Prometheus Books, 1990.
	19.	Solomon, Robert, ed. *The Philosophy of (Erotic) Love*. Kansas: University Press of Kansas, 1991.

評分標準	導修	20%
	讀書報告	20%
	期末考試	60%

導修文章	1. Singer, Irving. "Appraisal and Bestowal." In *The Nature of Love*, vol. 1, 3–22. Chicago: Chicago University Press, 1960, 1984, 1987. 2. Nozick, Robert. "Love's Bond." In *Love, Emotion, Myth and Metaphor*, 417–423, by Robert Soloman. Buffalo: Prometheus Books, 1990. 3. Meilaender, Gilbert. "When *Harry and Sally* Read the *Nicomachean Ethics:* Friendship between Men and Women." In *Friendship*, edited by Philip Blosser and Marshell C. Bradley, 375–387. New York: University Press of America, 1997. 4. Farrell, Daniel M. "Jealousy and Desire." In *Love Analyzed*, edited by E. Roger Lamb, 165–188. Boulder: Westview Press, 1997. 5. Goldman, Emma. "On the Tragedy of Woman's Emancipation, and Marriage and Love." In *Love, Emotion, Myth and Metaphor*, by Robert Soloman, 204–213. Buffalo: Prometheus Books, 1990. 6. Simone de Beauvoir. "From the Second Sex." In *Love, Emotion, Myth and Metaphor*, by Robert Soloman, 233–240. Buffalo: Prometheus Books, 1990.
第一課講題大綱	1. 導論 1.1 愛情／情愛現象 　1.1.1 日常生活中之情愛現象：商品化之情愛 　1.1.2 愛情／情愛之謎 　1.1.3 愛情／情愛之語言 1.2 愛情理論 　1.2.1 愛情之哲學反省 　　1.2.1.1 愛情之現象 　　1.2.1.2 愛情之本質 　1.2.2 規範性之愛情理論：何謂真愛 　1.2.3 描述性之愛情理論：甚麼建構成愛情 　1.2.4 一個初步愛情之概念：感情價值之賦予和需要的自覺意向性活動 　　1.2.4.1 意向性活動 　　1.2.4.2 價值之賦予和需要 　　1.2.4.3 感情的自覺活動 　　1.2.4.4「我愛你因為你美」與「我愛你所以你美」

第一課講題 大綱	1.3　中西文化差異：西方之愛與中國之情 　1.3.1　西方傳統 　　1.3.1.1　基本概念：*eros, philia, agape, amor,* passionate and romantic love 　　1.3.1.2　愛情之哲學 　　1.3.1.3　愛情之科學 　1.3.2　中國傳統 　　1.3.2.1　基本概念：情、愛、愛情、相思、戀情、仁愛 　　1.3.2.2　情之倫理學 　　1.3.2.3　情之文學 　　1.3.2.4　乾坤陰陽之道 　1.3.3　為甚麼中國傳統沒有愛情哲學？
閱讀資料	1.　Hazo, Robert. "Chapter 1: The Critical Notion and Terms" In *The Idea of Love*, 11–36. New York: F.A. Praeger, 1967. 2.　Singer, Irving. "Introduction: Love and Meaning." In *The Nature of Love*, 1–5. Chicago: Chicago University Press, 1960, 1984, 1987. 3.　Solman, Robert. "Introduction and Chapter 1." In *Love, Emotion, Myth and Metaphor*, xix–15. Buffalo: Prometheus Books, 1990. 4.　張燦輝：〈愛與情 —— 中西「愛」的概念比較研究〉，《哲學研究》9（1994），頁 98–109。

表3　GEE 2853「性與文化」課程大綱

課程大綱	1. 導論：性、性事與文化 (Sex, Sexuality and Culture) 2. 性事的思想 　　2.1 西方傳統性事理論 　　2.2 中國傳統色情思想 　　2.3 現代性事思想革命及其發展 3. 性事的表象 　　3.1 性事之形象與文化之表達 　　3.2 裸體／性事藝術之演變 　　3.3 性事與文字：色情書 　　3.4 性事與電影：藝術與淫褻之間 　　3.5「乳房」與「纏足」之文化意義 4. 性事的制度 　　4.1 性、愛與婚姻 　　4.2「同性愛」 　　4.3 性別、性別主義與女性主義 5. 結論：性事之意義
主要參考書目	1. Bristow, Joseph. *Sexuality*. London: Routledge, 1997. 2. Clark, Kenneth. *The Nude*. Princeton, Princeton University Press, 1972. 3. Davis, Murray S. *Smut: Erotic Reality / Obscene Ideology*. Chicago: University of Chicago Press, 1983. 4. Foucault, Michel. *The History of Sexuality*. Vol. 1. Translated by Robert Hurley. New York: Pantheon Books, 1978. 5. Gulik, Robert Hans van. *Sexual Life in Ancient China*. Leiden: E. J. Brill, 1961. 6. Lucie-Smith, Edward. *Sexuality in Western Art*. New York: Thames and Hudson, 1991. 7. Nye, Robert A., ed. *Sexuality: Oxford Reader*. Oxford: Oxford University Press, 1999. 8. Parrinder, Edward Geoffrey. *Sex in the World's Religions*. London: Sheldon Press, 1980. 9. Ruan, Fang-fu. *Sex in China*. New York: Plenum Press, 1991. 10. Soble, Alan. *The Philosophy of Sex and Love*. St. Paul, MN: Paragon House, 1998. 11. Tannahill, Reay. *Sex in History*. London: H. Hamilton, 1980. 12. Verene, D.P. *Sexual Love and Western Morality*. Boston, Mass.: Jones and Bartlett, 1995.

主要參考書目	13. Weeks, Jeffrey. *Sexuality*. Chichester: E. Horwood, 1986. 14. Weeks, Jeffrey. *Sexuality and Its Discontents*. London: Routledge & K. Paul, 1985. 15. 康正果：《重審風月鑑》。台北市：麥田出版有限公司，1996。 16. 高羅佩（R.H. van Gulik）：《中國古代房內考》。李零、郭曉惠等譯。上海：上海人民出版社，1990。 17. 高羅佩：《秘戲圖大觀》。台北：金楓出版社，1994。 18. 張國星：《中國古代小說中的性描寫》。天津：百花文藝出版社，1993。 19. 坦娜希爾（Reay Tannahill）：《歷史中的性》。童仁譯。北京：光明日報出版社，1989。 20. 江曉原：《性張力下的中國人》。上海：上海人民出版社，1995。
評分標準	導修：報告及討論　　20% 論文　　　　　　　30% 期末考試　　　　　50%
導修文章	1. Soble, Alan. "Sexual Concepts." In *The Philosophy of Sex and Love*, 3–25. St. Paul, MN: Paragon House, 1998. 2. Weeks, Jeffrey. "The Invention of Sexuality." In *Sexuality*, 19–44. Chichester: E. Horwood, 1986. 3. 江曉原：〈禮教：張力的另一極〉。載《性張力下的中國人》，上海：上海人民出版社，1995，頁102–131。 4. Nagel, Thomas. "Sexual Perversion." In *The Philosophy of Sex*, edited by Alan Soble, 76–88. New Orleans: Littlefield, Adam & Co., 1980. 5. 潘綏銘：〈正與反 ——唯生殖目的論與「性反常」〉。載《神秘的聖火》，鄭州：河南人民出版社，1988，頁172–197。 6. Hefner, Hugh M. "The Playboy Philosophy." *Playboy Magazine*, January 1979, 81–90. 7. Easton, Susan M. "The Liberal Defence of Pornography." In *The Problem of Pornography*, 1–9. London: Routledge, 1994. 8. 茅盾：〈中國文學內的性欲描寫〉。載張國星編：《中國古代小說中的性描寫》，天津：百花文藝出版社，1993，頁18–30。

第一課講題大綱	1. 導論：性、性事與文化（Sex, Sexuality and Culture） 1.1 「性」是甚麼？ 　1.1.1 中文中「性」之意義：「性」、「色」與「欲」 　1.1.2 西方：「Sex」與「Sexuality」 　1.1.3 甚麼是「性」、「性關係」、「性行為」與「性經驗」？ 1.2 自然與文化 　1.2.1 自然之概念 　1.2.2 文化現象 　1.2.3 價值與意義 1.3 性欲、生殖與性事 　1.3.1 性欲之自然意義 　1.3.2 生命與性欲 　1.3.3 性事：人類文化之現象 1.4 性事之文化意義 　1.4.1 性事之語言 　1.4.2 性事之藝術 　1.4.3 性事與宗教 　1.4.4 性事之文化傳統
閱讀資料	1. Bristow, Joseph. "Introduction." In *Sexuality*, 1–11. London: Routledge, 1997. 2. Soble, Alan. "Introduction" & Chapter 1 "Sexual Concepts." In *The Philosophy of Sex and Love*, ix–25. St. Paul, MN: Paragon House, 1998. 3. Weeks, Jeffrey. "The Languages of Sex." *Sexuality*, 11–18. Chichester: E. Horwood, 1986.

表 4　GEE 232K「幸福論」課程大綱

課程大綱	1.　導論：幸福之意義
	2.　幸福與快樂
	2.1　快樂與欲望
	2.2　享樂主義：亞里士迪帕斯，楊朱
	2.3　伊壁鳩之快樂主義
	2.4　功利主義之幸福論
	2.5　幸樂與快樂之虛妄（一）：叔本華之悲觀主義
	2.6　幸樂與快樂之虛妄（二）：佛洛伊德之性欲主義
	3.　幸福與人生態度
	3.1　幸福與人生意義
	3.2　恬靜人生：斯多亞學派
	3.3　逍遙人生：莊子及道家流派
	3.4　捨離人生：禪宗
	4.　幸福與價值之實現
	4.1　幸福、價值與道德
	4.2　自我德性之實現：亞里士多德
	4.3　人情之實踐：儒家
	5.　幸福與〔後〕現代世界
	5.1　現代世界與後現代世界
	5.2　享受、消費與潮流文化
	5.3　個人、社會與幸福問題
	6.　幸福之道
	6.1　追尋幸福之問題
	6.2　幸福理論之問題
	6.3　生命之悲情
	6.4　苦樂相生之人生
主要參考書目	1.　Annas, Julia. *The Morality of Happiness*. Oxford: Oxford University Press, 1993.
	2.　Bauer, Wolfgang. *China and the Search of Happiness*. New York: The Seabury Press, 1976.
	3.　Becker, Lawrence C. *A New Stoicism*. Princeton: Princeton University Press, 1998.
	4.　Bosley, Richard. *On Good and Bad: Whether Happiness Is the Highest Good*. Lanham, Md.: University Press of America, 1988.
	5.　Götz, Ignacio L. *Conceptions of Happiness*. Lanham, N.Y.: University Press of America, 1995.
	6.　Kenny, Anthony John Patrick. *Aristotle on the Perfect Life*. Oxford: Clarendon Press, 1992.

主要參考
書目
	7. Luper-Foy, Steven. *Invulnerability: On Securing Happiness.*
	    Chicago: Open Court, 1996.
	8. Mcfall, Lynne. *Happiness.* New York: Peter Lang, 1989.
	9. McGill, V. J. *The Idea of Happiness.* New York: Praeger, 1967.
	10. Nussbaum, Martha. *The Therapy of Desire.* Princeton: Princeton
	    University Press, 1994.
	11. Nussbaum, Martha. *The Fragility of Goodness.* Cambridge:
	    Cambridge University Press, 1986.
	12. Rouner, Leroy S., ed. *In Pursuit of Happiness.* Notre Dame, Ind:
	    University of Notre Dame Press, 1995.
	13. Tatarkiewicz, W. *Analysis of Happiness.* Hague: M Nijhoff, 1976.
	14. Telfer, Elizabeth. *Happiness.* London: Macmillan, 1980.
	15. 陳瑛主編：《人生幸福論》。北京：中國青年出版社，
	    1996。
	16. 陶國璋：《生命坎陷與現象世界》。香港：中華書局(香港)
	    有限公司，1995。
	17. 周輔成：《西方倫理學名著選輯》(上、下)。北京：商務印
	    書館，1987。

評分標準	導修：報告及討論 20% 讀書報告 30% 期末考試 50%
導修文章	1. Lin, Yutang (林語堂). "The Enjoyment of Living." In *The Search for Meaning in Life*, edited by Davidson, F. Robert, 33–42. New York: Holt, 1962. 2. Russell, Bertrand. "The Conquest of Happiness." In *The Search for Meaning in Life,* edited by Davidson, F. Robert, 84–91. New York: Holt, 1962. 3. Nozick, Robert. "Happiness." In *The Examined Life*, 99–117. New York: Simon and Schuster, 1989. 4. Mariaz, Julian. "Happiness, A Necessary Impossibility." In *Metaphysical Anthropology: The Empirical Structure of Human Life*, 239–249. University Park: Pennsylvania State University Press, 1971. 5. 唐君毅：〈人生之艱難與哀樂相生〉。載《人生之體驗續編》，台北：學生書局，1993。
讀書報告	1. Hesse, Hermann. *Siddhartha.* Translated by Hilda Rosner. London: Peter Owen & Vision Press, 1969. (中譯：《流浪者之歌》) 2. Johnson, Samuel. *The History of Rasselas, Prince of Abissinia.* 1759. 3. Russell, Bertrand. *The Conquest of Happiness.* London: Unwin Books, 1961. (中譯：羅素《幸福之路》)

第一課講題 大綱	1.　導論：幸福之意義 　　1.1　幸福之字義 　　　1.1.1「幸福」、「福」、「快樂」 　　　1.1.2「Happiness」 　　1.2　幸福之通俗定義 　　　1.2.1　中國——《尚書・洪範》：「向用五福，威用六極」 　　　1.2.2　希臘——梭倫之幸福觀 　　　1.2.3　極度快樂 　　　1.2.4　人生之滿足 　　　1.2.5　成功與幸運 　　　1.2.6　最高價值之擁有 　　1.3　幸福之要素與條件 　　　1.3.1　幸福與機會 　　　1.3.2　客觀與外在之因素 　　　1.3.3　主觀判斷與主觀狀態 　　1.4　幸福之追尋 　　　1.4.1　人存在之處境 　　　1.4.2　幸福作為人生目的 　　　1.4.3　幸福與烏托邦 　　　1.4.4　幸福與人生歷程 　　　1.4.5　幸福與自我的實現 　　1.5　幸福之根源問題 　　　1.5.1「求諸己」 　　　1.5.2「外求於物」 　　　1.5.3「內在於人」 　　　1.5.4「超越世外」 　　1.6　幸福之哲學反省 　　　1.6.1　理論與實踐 　　　1.6.2　幸福「論」
閱讀資料	1.　Tatarkiewicz, W. "Introduction, Chapters I, II & III". In *Analysis of Happiness*, 1–26. Hague: M. Nijhoff, 1976. 2.　Mcfall, Lynne. "Chapter II." In *Happiness*, 5–23. New York: Peter Lang, 1989. 3.　Götz Ignacio L. "Introduction." In *Conceptions of Happiness*, 1–47. Lanham, N.Y.: University Press of America, 1995.

表 5　GEE 231K「烏托邦思想」課程大綱

課程大綱	1. 導論：完美與理想之盼望 2. 歷史研究 　2.1 古典理想世界模式 　2.2 古典完美社會模式 　2.3 現代烏托邦之建立 　2.4 社會主義與烏托邦思想 　2.5 科技烏托邦思想 　2.6 反烏托邦思想 3. 理論分析 　3.1 烏托邦與人之存在 　3.2 烏托邦思想之問題 　3.3 欲望、夢想、希望與烏托邦 4. 中西文化中之烏托邦思想的比較
主要參考 書目	1. Claeys, Gregory, and Lyman Tower Sargent, eds. *The Utopia Reader.* New York: New York University Press,1999. 2. Kumar, Krishan, ed. *Utopia and Anti-Utopia in Modern Times.* Oxford: Basil Blackwell, 1987. 3. Kumar, Krishan. *Utopianism.* Buckingham: Open University Press, 1991. 4. Kateb, George, ed. *Utopia.* New York: Athena Press, 1971. 5. Levitas, Ruth. *The Concept of Utopia,* New York: Philip Allen, 1990. 6. Mannheim, Karl. *Ideology and Utopia.* London: Routledge, 1979. 7. Manuel, F. E., ed. *Utopias and Utopian Thought.* London: Souvenir Press, 1973. 8. Manuel, F. E. and F. P. Manuel. *Utopian Thought in the Western World.* Oxford: Blackwell, 1979. 9. 陳正名、林某鍈：《中國古代大同思想研究》。香港：中華書局，1988。
評分標準	導修　　　　　20% 讀書報告　　　20% 期末考試　　　60%
導修文章	1. George Kateb. "Utopia and the Good Life." 2. Mark Holloway. "The Necessity of Utopia." 3. Helga Nowotny. "Science and Utopia: On the Social Ordering of the Future." 4. Karl Popper. "Utopia and Violence." 5. 金觀濤：〈中國文化的烏托邦精神〉。 6. 顧昕：〈烏托邦與極權主義〉。

讀書報告文獻	1. Orwell, George. *1984*. (歐威爾：《一九八四》) 2. Huxley, Aldous. *Brave New World*. (赫胥黎：《美麗新世界》) 3. Skinner, B. F. *Walden Two*. 4. Morris, William. *News from Nowhere*. (威廉・莫里斯：《烏有鄉消息》)
第一課講題大綱	1. 導論 　1.1 烏托邦之界定 　　1.1.1 狹義之烏托邦 　　1.1.2 廣義之烏托邦 　1.2 烏托邦之人間條件 　　1.2.1 現實世界與生活之不滿足 　　1.2.2 人間痛苦的根由 　　1.2.3 烏托邦之欲求 (Utopian Propensity) 　1.3 烏托邦之目的 　　1.3.1 欲望之滿足 　　1.3.2 和諧與和平之渴望 　　1.3.3 新世界之來臨 　　1.3.4 完美計劃之實現 　1.4 理想世界與完美社會 　　1.4.1 世界與理想世界 　　1.4.2 社會與完美社會 　1.5 烏托邦與烏托邦思想 　　1.5.1 科幻小說與烏托邦 　　1.5.2 哲學與烏托邦 　1.6 反烏托邦與反烏托邦思想 　　1.6.1 烏托邦與極權主義 　　1.6.2 烏托邦與反人性思想 　1.7 烏托邦思想文獻 　　1.7.1 西方傳統 　　1.7.2 中國傳統
閱讀資料	1. Gregory Claeys. "Introduction." In *The Utopia Reader*, edited by Gregory Claeys and Lyman Tower Sargent, 1–5. New York: New York University Press, 1999. 2. Kumar, Krishan. "The Elements of Utopia." In *Utopianism*, 1–19. Buckingham: Open University Press, 1991. 3. Manuel, F. E. "Introduction: The Utopian Propensity." In *Utopian Thought in the Western World*, edited by F. E. Manuel and F. P. Manuel, 1–29. Oxford: Blackwell, 1979.

結語

香港中文大學通識教育課程中，上述五個通識科目都著重處理人生的意義問題，讓同學在提升知識層面之餘，也能對自己有所認識、對生命有所反省。這些科目自開辦至今，歷年頗受學生歡迎；每科目八十人的名額，往往在開始選課不久便告額滿，反應令人滿意。

「死亡與不朽」、「愛情哲學」、「性與文化」、「幸福論」、「烏托邦思想」僅屬通識教育課程的一個環節。除了學分課程外，更有書院通識，還有大學通識教育部推廣的非形式的活動，如「通識沙龍」、「通識教育叢書」、「通識廣場」等，讓學生透過不同渠道汲取不同知識。我們堅信，大學教育的一個重要目的是將人從偏見、無知、狹隘、傲慢中解放出來，令學生成為有獨立思想和有文化教養的自由人。這正是香港中文大學通識教育的信念與理想。

第 8 章

唐君毅與通識教育[*]

引言

在唐君毅的哲學著作裡，有關通識教育的探討並不佔重要位置。自1949年新亞書院創立，唐君毅擔任哲學系系主任及文學院院長，直至1974年退休。通識教育雖然是書院課程不可或缺的一環，但從未成為唐氏的研究主題。的確，他曾撰寫大量有關文化、教育、人倫關係、社會科學及自然科學方面的學術論文，但在其討論範疇裡，通識教育的概念只佔小部分。然而唐君毅雖把注意力投放在人文學術的重要性，也並非完全忽略通識教育。作為書院的其中一位創辦人，唐氏肯定曾參與制定或通過書院的辦學宗旨及學規。[1]新亞書院宗旨乃是延續宋代書院的精神，在《新亞書院學規》第十四條清楚列明：「中國宋代的書院制度是人物中心的，現代的大學教育是課程中心的，我們的書院精神是以各門課程來完成人物中心的，是以人物中心來傳授各門課程的。」[2]學規第九條意思亦近似：「於博

---

[*]　原文載於鄭宗義編：《香港中文大學的當代儒者》（香港：香港中文大學新亞書院，2006），頁331–344。

1　1950年校規的主要制定者應為錢穆。

2　《新亞書院手冊2004–2005》，〈新亞學規〉，頁101。除了新亞書院，其他的成員書院並無此規條。這顯然是出自朱熹《白鹿洞書院揭示》之書院傳統的現代詮釋。

通的智識上再就自己材性所近作專門之進修，你須先求為一通人，
再求成為一專家。」[3]故此書院通識教育課程的理念乃強調個人自身
教育多於講堂授課，全面知識多於專門學問。

如此間接的參照當然不能詮釋通識教育的哲學概念。在此我將
闡釋唐君毅的教育構思，與人文精神概念的重新探討及現時大學通
識教育課程重組的關係。香港中文大學通識教育課程之重新審核由
前任校長金耀基教授於2002年10月倡導（金教授亦曾於1977年至
1985年間出任新亞書院院長），經過約一年的諮詢及討論，通識教
育檢討委員會的報告（2003年9月）獲大學教務會通過，新課程於
2004–2005學年開始實施。除增設由獨立委員會及校外專家組成的
素質管控機制，對所有大學現有通識教育課程作監察外，課程重組
最重要的改革，乃建立四個非專業學科之智性關懷的學術範疇：
一、文化傳承；二、自然、科學與環境；三、社會與文化；四、自
我與人文。所有大學通識教育的科目都歸納於四大範疇，每位本科
生必需在各範疇選讀一科才能畢業。

唐君毅與近期的大學通識教育發展似乎扯不上甚麼直接關聯。
新的課程綱目可說是香港中文大學兩個核心理念的具體化：崇基之
博雅教育，以及新亞的人文精神傳統。唐君毅雖然沒有直接談及有
關通識教育之問題，但其論文〈人的學問與人的存在〉及〈人文學術
與自然科學、社會科學之分際〉，[4]是為連貫四個通識教育範疇的重要
基本理論。而要顯示出當中的關係，便需先闡明幾個概念的意義，
分別為大學之理念、人文學術、博雅教育及通識教育。特別在人文
學術方面，唐氏有深入詮釋。

3　同上註，100。
4　唐君毅：〈人的學問與人的存在〉、〈人文學術與自然科學、社會科學之
　　分際〉，載氏著：《中華人文與當今世界》（台北：台灣學生書局，
　　1975），頁65–109及185–186。

大學之理念

　　雖然新亞書院於 1963 年加入香港中文大學，然而當時唐君毅並不完全認同大學的組織架構及行政方針。唐氏為了書院畢業生之出路與前途著想，同意新亞書院成為這所聯邦制大學的一員，但與此同時，他見到新亞與其他書院的辦學宗旨有所不同，故並不太願意加入中文大學。唐氏一而再三地強調書院的宗旨是承傳宋明書院的精神，因此新亞名為「書院」，而非如崇基取名自西方文化的「學院」。書院的辦學目的是承傳及發展中國文化，面對中國共產黨文化大革命的浩劫，這項使命背負著更沉重的文化責任。當時唐君毅與其他儒家學者都認為，中國傳統文化之崩潰經已迫在眉睫，而新亞書院則是挽救中國文化的最後一道防線。對唐君毅而言，新亞書院是一所宏觀上的「中文」大學，所有學術研究皆以中國文化為主。[5]這就是「新亞精神」。人文教育的中心理念在融匯求學與生活，《新亞書院學規》的開首有說明：「求學與做人，貴能齊頭並進，更貴能融通合一。」[6]唐氏在退休前最後的其中一課「新亞的過去、現在與未來」中，重申新亞的中國人文理念，並指出當時大學教育所面臨的危機，例如大學教育分科太多，支離破碎、缺乏聯繫；學位只為技術性用途；學問與生活、師長與學生之間的關係疏離，都是新亞精神要面對的挑戰。[7]故新亞的最終目標就是藉著求學問以挽救中國文化。他堅定的相信：「而中國文化精神之潛存於中國人心者之發揚光大，斷然能復興中國。」[8]

5　參見唐君毅：〈對未來教育方針的展望〉，載新亞研究所編：《新亞教育》（香港：新亞研究所，1981），頁 131–134。

6　《新亞學規》第一條，頁 100。

7　參見唐君毅：〈新亞的過去、現在與將來〉，載新亞研究所編：《新亞教育》，頁 151–165。

8　唐君毅：〈我所了解之新亞精神〉，載新亞研究所編：《新亞教育》，頁 63–65。

書院的理念，是強調高度的道德操守及文化責任，可惜就香港的情況而言，似乎是太理想化。自1963年香港中文大學成立，成員書院在學術方面的自治性逐步為大學的中央統籌制度所剝奪。為此唐氏曾公開表示後悔，並感到被大學出賣。[9]唐氏與大學管理層歧見日深，最後在1976年辭去大學校董會位置，繼而將新亞研究所從中大分拆。我認為，當時兩者之間的緊張關係，不僅在政治及行政判決問題，更在於大學理念的分歧。說到底，書院的理念，始終與現代的大學制度難以和諧共存。

大學的概念起源於西方，而現代大學的理念來自歐洲中世紀。拉丁文的 *universitas*，或 *studium generale*，意思是 *magistrorum et scholarum*，即一個由學者及學生共同授課和學習的社群，與 *collegium*，或現今的書院 college，意思也大致相同。最典型的中世紀大學，如法國之巴黎大學 (University of Paris) 及意大利之波隆那大學 (University of Bologna)，成立之時皆以專業或務實技術的培訓為目的。當時大學設有四所專業學系，分別為法律、醫學、神學及哲學，由專業行會 (guild) 的成員籌劃和管理。典型大學的作用是為滿足社會的人才需求。大學「出現的目的，是為了培訓需求日益增加的律師、校長、教會聖職人員，以配合行政模式逐漸進步的教會及政府。」[10]因此大學的典型概念，與中國的書院有著完全對比的區別，書院所著重的，乃人自身德性的改善，並無任何功能上之目的。或許在書院與 *universitas* 之間能找到的一點共通，就是 *studium generale* 的理念 —— 在院內的教授和學生是來自不同的地方，他們聚合共處，學習研修。這種跨地域甚至是跨國家的性質，至今仍是大學的重要特徵。

9　參見唐君毅：〈新亞的過去、現在與未來〉，載氏著：《中華人文與當今世界補編》(台北：台灣學生書局，1988)，頁156。

10　James Bowen, *A History of Western Education* (London: Methuen, 1975), vol. 2, 103.

　　現代大學概念上是高等學術的教育場所。而授課及研究的學習方式，是十九世紀英國和德國的產物。英國之樞機主教紐曼及德國洪堡特皆為大學定下同一目標，紐曼認為大學的核心角色，乃提供承傳自亞里士多德的博雅教育。而洪堡特則著重學術的整合，以及教學、學習及研究三方面的自由。[11]當代研究型大學的主要概念，則植根自洪堡特之大學理念，並非來自紐曼。紐曼主張紳士式教育的精英制觀念，受到支持大學教育全民化的人士猛烈抨擊。所有人都應該得到入讀大學的機會，不能成為一小撮人士獨享的專利。

　　在我們當今的世界，仍存在不少有關大學的意義及目的之爭辯。而我對通識教育的討論，跟唐君毅哲學之關聯，就在現時香港與內地兩地改變當中的情況。對於中國文化災難的迫切問題尚且不談，當時由內地逃難來港的學者，大多已作古，他們曾推動的大學人文教育經已被遺忘。雖然每年書院手冊依然印有《新亞學規》，但究竟還有誰會認真研讀？到現在，它們只是過去理想的一個殘餘記錄。

　　大學的意義為何？通識教育能擔當怎樣的角色？唐氏哲學跟我們現時的大學教育還有沒有關係？

現時本港大學教育之危機

　　大學教育資助委員會 (University Grants Committee) 於 2002 年發表的「香港高等教育」報告書清楚列明，高等教育之主要目的，是確保香港的經濟發展。面對知識型經濟無可避免的來臨，報告提到：

11　有關大學理念之更詳細討論，可參見我文章〈通識教育與大學理念〉，載黎志添、劉國英、張燦輝合編：《在求真的道路上》(香港：中華書局，2003)，頁 265–281。

> 那正是香港未來經濟發展的關鍵所在。香港只有憑藉受過優良
> 教育而且具備必需技能的勞動力，才可成功建立「知識經濟」。
> 作為舉世知名的先進城市，香港非但適合而且必須建立知識
> 經濟。[12]

這個目的其實只是重複及重申了前港英政府十年前，對高等教育所
制定的路向。 當時大學及理工教育資助委員會(University and
Polytechnics Grants Committee，UPGC) 曾在報告中說明：

> 在香港投資發展達到世界水準的高等教育院校，目的在於改善本
> 身的經濟表現。但是，香港擁有這些院校，以及院校所提供的機
> 會，特別是諸如技術轉移的機會，亦肯定會對內地帶來裨益。[13]

香港大學教育之首要目的乃促進香港與內地的經濟繁榮，因此
難怪報告的建議都集中在高等教育的撥款分配、行政及管理。簡單
來說，大學的意義就在於功能和市場價值上。從這個角度看來，大
學課程的專業化、專門化、職業化，以及行政架構的分隔化也無可
厚非。學生們在不同的知識領域裡接受訓練，準備為社會提供相關
的服務，如會計、教育、工程、醫學、法律，一切根據社會供求；
教授的責任就是授予學生所需的最新知識及技術，學術研究亦以符
合這方面的功能為主。換過直截了當的說法：大學這個機構，透過
教授對學生的授課及進行研究，負責保存、傳播及發展一種叫「知
識」的商品，以滿足社會需求。[14]

12　Stewart R. Sutherland, *Higher Education in Hong Kong: Report of the University Grants Committee* (Hong Kong: University Grants Committee, 2002), 4.

13　*Higher Education 1991–2001: An Interim Report* (Hong Kong: University & Polytechnic Grants Committee of Hong Kong, November, 1993), 9.

14　香港中文大學的宗旨及抱負正好和應這種想法：「我們的使命：在各個

　　大學的功能性及專業性作用都已被視為必然。強調對院校執行質量控制，以確定大學有足夠的生產，去面對社會所謂「知識型經濟」的挑戰。的而且確，大學教育可是一項最昂貴的投資，所有投資成本都必須確保得到合理回報。然而這正是積遜・李爾斯（Jackson Lears）所說的對「學院的學術自由」之最大威脅。他談到：

> 受市場推動的管理模式，對大學帶來最大威脅：以數量標竿的效率及產量釐定大學表現，將知識看成商品，將求學的公開場所變成企業化的研究實驗室和職業訓練中心。[15]

　　以商業機構模式營運大學、將學問傳授視為產品，是現時高等教育政策暗地執行的兩個商業本位之運作方式。如果商業本位就是大學的宗旨與理想，那我們還需談甚麼大學理念？假如「知識型經濟」已成為我們不能避免的局面，那超越功利目的之追求學問的學習理想又有何意義？究竟社會還是否需要推廣通識教育，這種涵攝範圍甚廣、看來絕非專門的非實用課程？

　　我並不認為商業本位和跟功利主義是錯誤的，亦認同社會對大學有功能上的需求。但我始終認為，在商業本位以外，大學教育應該還有更多意義，大學不應單是服務性工業。世界自二十世紀起經歷極大變遷，現今的大學亦需面對不同的挑戰：如職業化、全球化

學科領域，全面綜合地進行教學與研究，提供公共服務，致力於保存、創造、應用及傳播知識，以滿足香港、全中國，以至世界各地人民的需要，並為人類的福祉作出貢獻。我們的願景：努力成為香港、全國及國際公認的第一流研究型綜合大學，並使我校建立於雙語及跨文化傳統的學生教育、學術成果及社會貢獻，均保持在卓越水平。」《香港中文大學概況2004–2005》（香港：香港中文大學，2004），頁iii。

15　Jackson Lears, "The Radicalism of Tradition: Teaching the Liberal Arts in a Managerial Age," *The Hedgehog Review* 2 (2000): 8.

及國際化等這些只在當代世界才湧現的問題。故此「大學」的意義
也應該改變。高等教育有滿足社會需求的責任，這經已是不爭的
事實。

我可能把情況看得太簡化，也說得太誇張，但我實在害怕見到
某天大學傳統理念完全消失，那時書院精神亦再無探討餘地。傳統
大學的精英概念，自二十世紀開始，已逐漸被通俗化而成為今天的
民眾大學。那曾經是大學的傳統宗旨——以個人為目的之學術知識
的追求，也快將完全失去意義。縱使有人會覺得，到現時還在談大
學之理念及意義，似乎太天真太浪漫，但我始終認為大學理念之問
題實有討論之必要，並能由此探討教學與學習之意義。我堅信以哲
學及歷史角度重新思想大學、人文教育、通識教育教學及學習之理
念，絕不僅是一項無聊的思維運動。

人文學術之理念

人文教育之理念起源於西方典型文化傳統。人文教育植根於希
臘的 *paideia*，及後引申為拉丁文 *humanitas*，並由文藝復興時期的人
文學者進一步將之融合為 *studia humanitatis*。人文教育一直是人類及
教育課程之理想。*Studia humanitatis* 的宗旨乃教育學生成為一個自由
的人及良好的人民。簡略來說，人文教育於西方文化歷史及西方教
育理念有著密切關係。另一方面，中國的人文理念源自《易經》，後
來成為儒家的教育理想。「觀乎天文，以察時變，觀乎人文，以化成
天下。」這裡所說的人文不單指人類活動，更是道德方面的範疇。唐
君毅解釋：「於人文二字中，重『人』過於重其所表現於外之禮樂之
儀『文』，而要人先自覺人之所以成為人之內心之德，使人自身先堪

為禮樂之儀文所依之質地。」[16]這和應了傳統儒家的教育宗旨，就是實踐個人道德操守，並將道德行為伸延到世界，即為「修己治人」。

唐君毅曾以大量篇幅探討中國與西方之人文學術及與教育的關係，當中著重哲學準則的知識分類，及人類在知識宇宙之中的位置。唐氏的〈人文學術與自然科學、社會科學之分際〉也許是當今中國唯一有關這個題目的著作。唐君毅認為，所有知識皆是源於人類主觀性的分枝。人文學術與其他科學之分別並非在於所學習的主題不同，從某個角度來看，既有已確定的科學，即定律，互相包含對方。以歷史的科學為例，我相信無人能否認所有知識之本質皆是歷史。物理知識，那給固定在語言學符號里的文字，也是歷史的文字。因此學科的分別，其實就在人類觀看世界的不同角度。唐氏解釋：

> 自然科學與社會科學及人文學術之不同，我們可說依於人之看世界，主要有三種態度或三種觀點。一為把事作為離開或外在於我之為人之主觀的行為與精神，而自己存在者來看。由此而有自然科學。二為是視我為人群中之一分子，而把我之主觀精神與行為，客觀化為人群中之一分子的精神與行為，而看此人群中之各分子之精神與行為，如何互相影響關係，以結成此人群之社會。由此而有社會科學。三為把我之主觀精神與行為，以及其所對之自然社會之事物，皆攝入於對我們之主體的精神與心靈之「自覺的回顧反省，或自己對自己之反應，自己對自己之感通，自己對自己之行為中」去看，由此而有人文學術。[17]

16　唐君毅：《中國人文精神之發展》（台北：台灣學生書局，1974），頁21。
17　唐君毅：〈人文學術與自然科學、社會科學之分際〉，載氏著：《中華人文與當今世界》，頁185–186。

　　我對唐君毅思想的興趣主要在人文學術方面，故在此對自然科學及社會科學不作詳談。唐氏認為人文學術包含三個主題，分別是「事」、「情」及「理」。事乃人在自然及社會之經歷，並非物質上的東西，而是經人情感化後成為其意識裡的回憶。事的回憶根據客觀的時序被重取及重整，令這些回憶能以語言符號的方式被重提，那就是歷史的原素。另一方面，人會對事產生情感反應，事件脫離客觀時序並以另一種特別的語言符號被表達，此乃文學藝術之源起。而當人反映事及情的原因及意義時，將重點轉移到事與情當中的理之上。反映理就是哲學的任務。事、情、理互相衍生，事的理引起了哲學，而哲學繼而成為哲學歷史主題的一個事件，最後以哲學角度理解歷史的理，因而有歷史哲學。

　　唐君毅之理論比以上所說的更為複雜。他的文字精煉有時卻過於晦澀，以本文所要探討之範圍來說，對唐氏人文學術理念的了解到達這個程度經已足夠。唐君毅希望能給傳統中國人文學術理念一個哲學闡釋：文、史、哲三者互有關聯，成為一學習之整合。人文學術的每個範疇都不能完全獨立地研修而不靠助另外兩個學科。人文學術的基礎是人類的主觀性與反映活動。與此同時，人文學術與其他科學之間亦有著密切關係。在另一篇文章中，唐氏嘗試證明所有知識確實是扎根自人類之存在。[18]他強調沒有任何一種知識能脫離人類之存在而獨立存有。這明顯對知識給予一個人文學的闡明──人文學術乃凌駕於其他一切知識範疇。

　　唐君毅認為，人類存在在知識裡的最高價值，就是現今世界學術研修之分化離異的真正答案。追求學問並非毫無代價的。相對於亞里士多德為自身而求學問的觀念，唐君毅藉通識及專門教育以頌

18　參見唐君毅：〈人的學問與人的存在〉，載氏著：《中華人文與當今世界》，頁65–109。

揚人文教育。在這方面「通識」有著「通才」的意義。1950年新亞書
院的宗旨曾提到：

> 惟有人文主義的教育，可以藥救近來教育風氣，專為謀個人職
> 業而求知識，以及博士式學究式的專為知識而求知識之狹義的
> 目標之流弊。本於上述旨趣，本書院一切課程，主在先重通
> 識，再求專長。首先注重文字工具之基本訓練，再及一般的人
> 生文化課目，為學者先立一通博之基礎，然後再各就其才性所
> 近，指導以進而修習各種專門智識與專門技術之途徑與方法。
> 務使學者真切認識自己之專門所長在整個學術整個人生中之地
> 位與意義，以藥近來大學教育嚴格分院分系分科直線上進、各
> 不相關、支離破碎之流弊。[19]

　　雖然這篇文章寫於五十多年前，但依然切合現今大學教育的情
況。它揭示了通識教育在人文教育的重要性，可惜錢穆先生及後未
有再加探討，大概因為「通識教育」這個指詞彙於當時不太普遍。但
我始終認為，當時通識教育之基本哲學，雖未經明闡，卻已有暗
述。然而甚麼是通識教育？

通識教育之理念

　　赫欽斯（Robert Maynard Hutchins）是芝加哥大學通識教育的始創
者。他認為過識教育是「基礎概念的共同蓄積」（common stock of
fundamental ideas），是為每所大學所必須的。他說：「除非學生與教
授（特別是教授）接受共同的知識訓練，否則大學必須保留各個不同

19　錢穆：〈招生簡章節錄〉，載氏著：《新亞遺鐸》（台北：東大圖書公司，
　　1989），頁3–4。

的學院和學系，除由同一位主席及同一個理事會管理外，其他方面
不應統一。」[20]而通識教育就是學生與教授共同享有的知識蓄積。

「通識教育」是當代美國大學所發明的產物，以往及至現今的
歐洲大學均無類似課程。因此通識教育的必要性一直受到爭論，
始終並無證據證明，設有通識教育的大學質素高於沒有通識教育的
大學，而且，通識教育的意義與內容仍未受學者及教育工作者所完
全認同。[21]然而美國各大學成立通識教育實有一共同原因，各種不
同的通識教育課程，如哥倫比亞大學及哈佛大學的「核心課程」
（Core Curriculum）、芝加哥大學的「通識教育課程」（General Education
Programme），皆是針對自二次大戰後，這幾所大學的本科課程過度
專門化（specialization）及專業化（professionalization）的問題。專門化令
學生思想偏狹武斷，專業化則著重知識的功用性價值。思想狹隘的
專業人士，可能會在其專業範疇得到成功，卻永不能成為真正受過
教育有文化的人。這就是傳統的*paideia* 及 *humanitas* 觀念──人成為
專業人士前必先受教成為人。從這方面看來，通識教育其實是博雅
教育傳統的延續。

在這方面，唐君毅及其他新亞書院的創辦人，與西方學者在博
雅及通識教育上抱有相同理念。唐氏的人文學術教育，跟哥倫比亞
大學原來的人文教育課程（Humanities Programme），或及後芝加哥大
學與哈佛大學的通識教育（General Education），三者的宗旨相當近

---

20 Robert Maynard Hutchins, *The Higher Learning in America* (New Brunswick:
    Transaction Publishers, 1995), 59.
21 參見 Ernst L. Boyer and Arthur Levine, *A Quest for Common Learning: The
    Aims of General Education* (Washington DC: The Carnegie Foundation for the
    Advancement of Teaching, 1981)。特別留意 "Appendix A: Historical Purposes
    of General Education"，詳列了五十個不同目的。

似。如果以上的比較是恰當的，那我們可以說唐君毅確實抱有通識
教育哲學的思想。

人文學術教育及通識教育

本文希望能闡釋唐君毅之哲學，跟現時香港中文大學通識教育
課程重組的關聯。課程檢討的原因，乃鑒於九十年代通識教育課程
情況混亂的問題，當時雖然有差不多四十個學系參與通識教育課
程，並提供超過二百個科目，但課程整體卻缺乏明確的方向和宗
旨。教授與學生們必須參與課程，卻又不理解課程的意義與宗旨。
因此通識教育常被視為必須卻又是主修以外無甚作用的附屬品，令
這個缺乏協調的架構、監管不足的系統需要被重新評估及重整。

在本文第一節介紹的四個通識課程範疇，目的是要把人文教育
帶到或帶回大學的課程裡。與其他本地或美國大學不同，中大的課
程並非根據學科劃分範疇，讓不同的學術科目皆能保持各自獨立
性。但通識教育 *studium generale* 的正統意義，是眾學者與學生在一個
社群裡的教育及學習。「通識」的 general 不單是指「全部」而是「共
同」，故此通識教育的意義，其實是大學全體給予所有人的共同教
育。通識教育的模式，並非讓學生從每個學科去選擇，而是由該學
科的教授，為來自其他學系的學生設計不需任何先修知識的課程。
配合唐氏的人文學術教育理念，四個範疇皆是構想自人類存在的最
基本知識重點：我們必須了解自己的文化承傳、與自然環境的關
係、與社會的關係，以及發掘自我，以成為有能力自覺及反省的
人。四個課程範疇分別為：[22]

22　有關四個範疇的名稱改動，請參考本書頁 xix 註 1 的編按。

(1) **文化承傳**：香港中文大學的學生需要對我國文化承傳有基本認識，以及對中國文明之主要特色有全面了解。從綜合的學習方向，學生能以廣泛的歷史、社會、學術角度，學會欣賞及評價自己的文化傳統。

(2) **自然、科技與環境**：課程讓學生對自然、科技與環境、我們在自然的角色、人類活動對環境之影響、科學及科技對生命與社會之衝擊、及人類之將來等有更多理解。

(3) **社會與文化**：課程加深學生對人類社會與文化的形成、社會文化的普遍性及多樣性等方面的認知。亦為學生介紹研究社會、政治、經濟和文化問題的理論和方法。

(4) **自我與人文**：這範疇目的在讓學生探討人類生命各種價值和意義，令學生透過人文學術及相關學科的學習，加深對自身的了解。

　　縱使唐君毅未曾系統地闡述通識教育的哲學思想，我們希望新的通識教育課程能體現唐氏的人文學術教育理念，至少不讓新亞精神完全消失，並在我們的大學課程中得以制度化，獲得更生。

第 9 章

從四範圍課程到對話課程
香港中文大學的通識教育課程
（1998-2012）[*]

前言

2012年，香港浸會大學當代中國研究所發表了《香港藍皮書：香港發展報告（2012）》。報告聲稱提出專家對於香港回歸中國15周年的看法。報告中最後一章的教育部分「香港政治社會經濟的問題及改善建議」其中有一段指：

> 在學科變動上，大學與中學被要求設立通識教育與國民教育，擠壓和減少正當學科的教時外，實際上方便了大量西方普世價值侵入學校，例如中文大學的通識教育課程，由美國一個基金贊助並協助撰寫教材，其教學方向實際上已由該基金主導。[1]

---

* 筆者於2013年6月9-11日獲邀參加美國核心文本與核心課程協會文理學院（ACTC Liberal Arts Institute）及聖母大學（University of Notre Dame）合辦之「研究型大學和文理學院：探討研究理念和博雅教育」研討會（Scholarship Conference on "The Research University and the Liberal Arts College"），並發表題為「From Four Areas Curriculum to Dialogue Programme: The General Education Programme at the Chinese University of Hong Kong」之演講。本文以該演講稿為藍本翻譯而成。

1 薛鳳旋：《香港藍皮書：香港發展報告（2012）》（香港：和平圖書有限公司，2012），頁206。

報告指控香港中文大學的通識教育由美國一個基金贊助和主導，這是令人震驚的失實陳述，畢竟我在過去14年（1998–2012）都一直擔任大學通識教育主任。大學通識教育部認為這是不負責任的虛構陳述，隨即發出嚴正聲明要求浸大道歉澄清。後來浸大成立專責小組調查並於2012年12月公佈正式調查報告，指稱中大的通識教育課程由美國一個基金贊助並協助撰寫教材的陳述絕無根據。調查報告也指出，浸大當代中國研究所所長兼《香港藍皮書》的作者，未能提供任何證據來證明該指控。因此浸會大學正式向香港中文大學道歉，特別是對大學通識教育部深感抱歉。由於涉及學術不當行為，該研究所所長的職務被免除。[2]

事件因而平息。但為何會有這樣的指控呢？上文提到的基金可能是指富布賴特計劃（Fulbright Scholar Program），[3]計劃為期5年（2008–2012），旨在支援香港所有大學引入通識教育課程，因為於2012年實施學制改革，大學由三年學制轉為四年。訪問中文大學的五名富布賴特學者的確有參加通識課程發展和管理的講座和工作坊，然而，他們並無直接參與設立課程，更別說是撰寫教材了。除了有人懷疑這是中國內地當局對學術自由的政治干預，並沒有證據證明大學通識教育受到美國干預這一虛構的指控。

2　浸會大學發表的完整報告，可參考http://cpro.hkbu.edu.hk/hkbunews/accsreport/report.htm。

3　2007年，一名香港捐贈者和大學資助委員會提供資金把美國的「富布賴特計劃」引入香港，目的是協助香港在2012年前引入通識教育課程。與任何正常的國際學者訪問計劃一樣，富布賴特學者的挑選是經過嚴格的學術同行評審過程。挑選過程並沒有任何美國政要參與。最終選出的一批學者，本地的大學也有權選擇是否接受，如果接受的話也可以挑選哪些學者。富布賴特學者的角色是就有關通識教育課程的諮詢提出建議、組織工作坊予本地學者去設立通識課程，以及協助開發適合每所大學的通識課程。這群學者負責提供支援和提出建議，而非主導通識課程的成立。

但我確實認為，這種明顯並非建基於事實判斷的説法背後亦埋藏著值得探討的議題。「大量西方普世價值侵入學校」、隱藏在我們大學的通識課程中，是該書作者真正關心的議題。雖然沒有美國基金支持或者主導課程，但課程的確是受到美國影響，因為「通識教育」和博雅教育的理念均是源自美國。自二十世紀七十年代文革結束後，儘管對於中國人思想自由化的恐懼似乎消失了，在過去20年間也引入和發展通識和博雅教育改革，但專制的教育模式仍然在中國內地的大學流行。不幸的是，新聞界、法律制度和大學教育均是為共產黨服務。真正和充分的學術自由在中國內地的學術界仍然有待實現。[4]

1998年，即英國將香港主權移交回中國後的一年，我獲委任為香港中文大學通識教育主任；之後又獲委任為哲學系系主任5年（2005–2010）。必須要強調的是，在我的任期中，直至去年（2012年）8月退休時，中文大學的學術誠信和學術自由都沒有作出妥協，至少在通識教育和哲學系方面。除了遵守學術誠信的固有原則外，研究和教學並無傾向任何政治或宗教團體。在這方面，我們與西方的學者無異。這些權利在「一國兩制」的原則下受到基本法的保障。

雖說通識教育的概念是源於美國，但這並不代表我們大學通識課程的理念也是照搬美國的。的確，大學這高等教育機構是由外國發明後引入中國。中國歷史最悠久的北京大學的前身京師大學堂也是在1898年才成立，整個中國的大學歷史僅有130多年。香港中文大學以崇基學院（1951）、新亞書院（1949）和聯合書院（1956）[5]為基

4　在中國內地所有大學的學院和部門，都有共產黨員擔任黨委書記，他們扮演著黨監察人的角色。

5　香港中文大學是一所研究型綜合大學，在香港屬於歷史第二悠久的大學，現有文學、工商管理學、教育、工程、社會科學、醫學、理學和法律八個學院，共61個學系。學生約2萬名，其中12,500名是本科生。香港中文大學也是世界一流的大學，根據2012年QS世界大學排名，中大在全球排名40，亞洲排名第七。

礎，於1963年成立。自大學成立以來，通識教育在過去幾十年均受
到重視和實踐，不過形式與現在的有所不同。在大學成立初期，通
識教育的理念和課程結構顯然模仿美國的大學。1986年經過全面課
程檢討後引入的「七範圍」通識教育是「哈佛模式」的核心課程。但
是，培養學生保存和振興中華文化的意識是香港中文大學的理念。

我今日來到聖母大學，主要是想和大家談談「研究型大學和學
院的博雅教育傳統的未來路向」。如果要我提出與美國學術界有關的
觀點，這明顯是超出了我的能力範圍。在座各位均是美國博雅和通
識教育界的專家學者，我只能從中國文化學者的角度去談談這個議
題，分享我在中大擔任大學通識教育主任期間發展通識教育課程的
經驗。儘管香港的大學在研究和教學方面發展迅速，但我對於香港
博雅教育傳統的未來並不樂觀，因為香港的人權、民主、法治、出
版自由和學術自由等基本權利都漸漸被侵蝕。

香港中文大學通識教育的里程碑

自中大於1963年成立以來，大學的通識教育就傳承了新亞、崇
基和聯合三所創校成員書院的博雅教育傳統。每個書院都有各自的
基本理念：新亞書院於1949年由一群來自內地的學者流亡來港創
立，強調以人文主義為教育宗旨；崇基學院由13家中國的基督教大
學合力創辦，旨在保存西方的博雅教育；而聯合書院則致力推廣中
西文化交流。從一開始，中大就強調以下四點，以區別於其他本
地大學：(1)結合傳統與現代，融會中國和西方；(2)雙語教育；
(3)書院教育；(4)通識教育。中文大學的通識教育不僅是全港首
創，也在內地和台灣創下先河。在書院聯邦制下，每個書院均負責
發展和管理各自的通識課程。然而，通識教育也隨著大學的急速發
展和香港的社會和經濟增長而一直變化和發展。對於通識教育課程

和管理的學術關注度不足，促使1983年在統一的大學管理下進行了大規模的課程檢討。1984年的報告提出了許多重大改革，包括重組通識課程及架構、設立更高的標準，以及闡明通識教育的目標和使命。大學也聘請通識教育主任和成立辦公室來監察課程的推行。此後，改革後的通識教育佔本科生課程的15%（18學分）。雖然「七範圍」課程沒有提及起源，但課程的結構明顯是模仿哈佛模式的核心課程。七範圍包括：邏輯思考與定量技巧、中國文明、其他文明、電子計算學、藝術與人文、自然科學與醫學，以及社會科學與管理學。首兩個範圍是必修的，共佔6學分，其餘學分課程則從其他範圍選修。

1989年，通識教育的發展受到沉重打擊。當時政府要求香港所有大學與英國的三年學制接軌，中大原本採用美式的四年學制，被迫採用這個所謂的靈活學分制。新學制容許學生修畢指定學分後可以選擇在四年或者三年後畢業。結果通識教育減少了3個必修學分，而「七範圍」則減少至只剩下三範圍，即中國文明、分科課程和跨科課程。當時的學術環境並不利於通識教育。全體教職員和學生都沒有參與通識課程的設計，因為主修科目的教學和研究遠比通識教育重要。然而，教育的資助經費是按每門課程的學生人數分配，除了教授主科的經費外，每個部門均允許開辦通識科目以獲取部門經費。因此，通識教育成為各部門爭奪學生人數的開發市場。有的部門甚至公佈其通識科目的要求輕鬆不苛刻，在學術水平上作妥協，目的是吸引更多學生報讀。由於通識教育部欠缺有效的評審權和否決權，每個部門及其所屬的學院委員均負責管理各自的通識教育科目。[6]

6　欲了解更多有關通識教育的歷史回顧，可參考梁美儀：〈香港中文大學通識教育的使命和實踐〉，載《香港中文大學通識教育概覽》（香港：香港中文大學大學通識教育部，2007），頁4–9。

當我於1998年獲委任為大學通識教育主任時，當時的通識教育就處於我剛才談及的不利處境：課程欠缺明確的理念，也明顯缺乏質量控制和推行機制。據我了解，通識科一定不是主修科目的附加或冗餘課程。

香港中文大學的通識教育：第一階段

我應該怎樣在大學通識教育中實行我所信奉的大學和博雅教育傳統的理念呢？[7]2002年終於迎來良機，當時新上任的金耀基校長對通識教育進行全面的課程檢討。金教授是知名的社會學家和散文作家，也是唯一一位以中文撰寫有關大學和通識教育理念的學者。[8]2003年的檢討報告為通識教育的未來發展奠定了基礎。身為大學通識教育主任，我獲邀為課程定下哲學基礎。我對通識教育及其課程的理解如下：

通識教育並沒有一個普遍的定義，即使在美國也是，那我先解釋一下這個詞語的正式意思：「通識教育」一詞源自拉丁語 *stadium generale*，即「來自各方的人一起參與學習」。*Generale* 在這裡並非指一般人理解的「普通或簡單」，而是取自其拉丁文的原意「for all」，即是為所有人而設，涵蓋所有人。這與 *stadium particulare*（等於「大學」）相反，指由特定的一群人進行學術研究。這正正是當代專業專門學科和通識教育之間的區別。我的關注點是通識教育在整個本科教育裡所扮演的獨特角色。通識教育一定不能被視為附加的部分，而是應該體現大學教育的本質。因此每間大學均須注意課程理念，以及制

7　請參考本書的第1–3章。
8　詳情請參考金耀基：《大學之理念》（香港：牛津大學出版社，2001）。該書於1983年初版，其後多次重印，成為香港、中國內地和台灣通識教育學者之間傳閱的經典之作。

定各自的通識課程。中文大學的使命是融合中國的人文主義和西方的博雅教育。但是，可以在哪裡覓得中大通識課程的哲學根源呢？

唐君毅是新亞書院創辦人、哲學系的首任系主任兼講座教授，以及當代新儒家的奠基人之一，他高度重視人文和大學教育理念。1950年，他在新亞書院的使命宣言中說道：

> 惟有人文主義的教育，可以藥救近來教育風氣，專為謀個人職業而求智識，以及博士式學究式的專為智識而求智識之狹義的目標之流弊。本於上述旨趣，本書院一切課程，主在先重通識，再求專長。首先注重文字工具之基本訓練，再及一般的人生文化課目，為學者先立一通博之基礎，然後再各就其才性所近，指導以進而修習各種專門智識與專門技術之途徑與方法。務使學者真切認識自己之專門所長在整個學術整個人生中之地位與意義，以藥近來大學教育嚴格分院分系分科直線上進、各不相關、支離破碎之流弊。[9]

雖然唐君毅不是使命宣言的作者，但他一定會完全認同通識教育所強調的人文主義。的確，他所撰寫有關中華人文與教育的關係的重要著作為我對通識教育的了解奠下基礎，當中〈人文學術與自然科學、社會科學之分際〉也許是唯一就該命題展開討論的中文著作。根據唐先生的看法，所有知識的分支源於人類的主觀性。人文和其他科學的差異並不在於不同的學習主題。從某種意義來說，所有科學，亦即學科，都是意味著彼此。例如歷史科學，沒有人會否認所

9　錢穆：《新亞遺鐸》（台北：東大圖書公司，1989），頁3–4。欲了解更多有關唐君毅對人文教育與通識教育的看法，請參考我的論文 "Tang Junyi and the Philosophy of 'General Education'," in *Confucian Tradition and Global Education*, ed. Wm. Theodore de Bary (New York: Columbia University Press, 2007), 59–73.

有的知識在本質上都是歷史性的。以語言符號文本呈現的物理知識，其實也是歷史性文本。區別在於人類以哪種方式去看待世界。唐先生解釋：

> 自然科學與社會科學及人文學術之不同，我們可說依於人之看世界，主要有三種態度或三種觀點。一為把事物作為離開或外在於我之為人之主觀的行為與精神，而自己存在者來看。由此而有自然科學。二為視我為人群中之一分子，而把我之主觀精神與行為，客觀化為人群中之一分子的精神與行為，而看此人群中之各分子之精神與行為，如何互相關係影響，以結成此人群之社會。由此而有社會科學。三為把我之主觀精神與行為，以及其所對之自然社會之事物，皆攝入於對我們之主體的精神與心靈之「自覺的回顧反省，或自己對自己之反應，自己對自己之感通，自己對自己之行為中」去看，由此而有人文學術。[10]

基於這個理解，我提議移除傳統通識教育分佈的必修課或核心課程，並根據唐先生的哲學把通識課程改為「探究人類智性關懷的四範圍」。課程應反映出在追求知識過程中的人文精神。因此，我並沒有把課程分為藝術、社會科學與自然科學，而是提議了讓學生看待知識的四個範圍。他們是人類存在的基本智性關懷：我們應該知道自身文化傳承與自然、社會，以及我們自身的關係，目的是做到自我覺察和反思。這四範圍包括：

10　唐君毅：《中華人文與當今世界》（台北：台灣學生書局，1975），頁185–186。

(1) **中華文化傳承**：中大學生應該對中華文化有基本認識，也應該對中華文明的主要特徵有全面認識。學生應該透過綜合的方法，從廣泛的歷史、社會和理性的角度來學習欣賞和評價中華文化。

(2) **自然、科學與科技**：本範圍引領學生認識大自然、科學和科技。分析人類作為自然界的一部分，人類活動對環境的影響，衡量科學和科技對於人類生活和社會的影響，以及這一切對於人類未來的啟示。

(3) **社會與文化**：課程應增加學生對人類社會和文化形成方式的理解，並認識其一般性和多樣性。透過研究社會、政治、經濟和文化議題，向學生介紹理論或者研究方法。

(4) **自我與人文**：這範圍旨在探索人類價值觀的多元化和人類行為的意義，透過學習人文和相關科目以加深對自己的了解。

這方法的其中一個好處是不同部門的教職員都可提出建議，讓通識課程不是以學科為基礎，而是基於與人類智性關懷的相連性。例如，物理系的同事建議提供天文學課程，他不必從嚴謹的學科角度出發，而是強調人類觀星的關係和科學與文化的啟示。目前為止，超過240個課程獲分配到四範圍內，所有學院共有45個部門都參與其中。

課程質素保證是另一項重要改革。由地位崇高的非當然委員教授組成的通識教育常務委員會負責審核及監督課程設計，中大開辦的所有通識課程每三年都要進行一次檢討。每隔三年又會邀請校外專家對全校通識教育課程作宏觀評估。為了收集資料供課程審核之用，大學通識教育部需要把所有大學通識課程的有關資料核對及存檔，例如課程設計和大綱、評分機制、閱讀書目、學期論文和考試樣本等。所有的大學課程幾乎可以稱得上是由大學通識教育部主

持,而各部門只是課程的提供者。所有課程均須經過大學通識教育部的學術和行政審核。

全靠某位慷慨的捐贈者,大學通識教育部轄下的通識研究中心[11]於2005年成立,負責整理和進行有關通識教育的重要議題研究、舉辦講座和研討會、協調相關的學術活動、向整個社會推廣通識教育的理念,以及發佈通識教育的論文。此後,部門出版了六期的《大學通識報》,自2012年起轉為中英雙語學刊,並易名為《大學通識》(*Journal of General and Liberal Education*)。

香港中文大學的通識教育:第二階段

2006年迎來了第二個重要的挑戰,當時香港政府決定把全港的大學學制由三年轉為四年,以與美國和中國內地的學制接軌。該轉變引發學術改革,也有意見要求更全面的大學教育。增加多一年並不是要增加主科學習的重擔,而是鼓勵學生在入學的第一年學習更廣泛的知識。根據中大大學教務會的決定,我獲委派設計額外6學分的課程內容。因此,我們成立了工作小組進行研究和給予建議,而我負責擔任小組的會議召集人。最簡單的解決辦法就是把額外的6學分分配到現有的四範圍中,當然這個做法會受到大多數部門的歡迎,但卻對通識教育沒甚麼意義可言。我認為這正正是推行我所推崇的博雅教育的另一大好時機。在2004年的改革,我成功提供了通識教育課程四範圍的哲學框架和架構,但沒有直接參與課程內容的制定。現時的通識教育課程的目標確實達到了,能夠培養學生從多角度思考,以及逐漸明白不同學科的價值觀。然而,課程缺乏感知連貫性,更重要的是缺乏共同的學習經歷。我們思考了 *stadium*

---

11 研究中心於2011年重新命名為「鄭承峰通識教育研究中心」。

generale 的正式意思，即是全民教育，如果可能的話，不論學生修讀甚麼科目，讓他們能夠一起參與學習。為 3,500 個新生設計兩門科目是一項巨大的挑戰。

亞歷山大・奧斯丁（A. W. Austin）在他的著作《大學裡最重要的是甚麼？》（*What Matters in College?*）提出深刻的見解，他在有關本科課程的研究結論說：

> 簡言之，學生如何接受通識教育遠比課程的內容和架構（以及學院實際上是如何執行課程）重要得多。更具體地講，調查發現愈來愈多的研究機構指出，其中一個影響本科生教育發展的主要原因是他們有否主動參與或投入大學的經歷。正如之前提及的，這兩個主要的因素包括：(1) 學生與朋輩之間的互動程度，以及 (2) 學生與教職員的互動程度。當學生付出很多時間學習、與不同的同輩交際、互相擔任彼此的導師，以及一起討論當代議題時，通識教育的成效就會因而提高。所有這些正面因素表示在教育過程中的主動參與和投入。[12]

我們認真思考他的結論。我們手上的任務是設計兩門與大學通識教育理念一致的科目，即強調人類存在的核心和人類與世界的關係，而且這兩門科目必須是通識教育四範圍的基礎。然而，最難的是設計一套教學方法去實現奧斯丁的建議，讓學生積極參與討論，並與主科以外的同輩一起學習。開始時，我們想出兩門關於中西文化的科目，但很快就打消了念頭。由於過分全面，這類文化歷史的調查課程難以讓學生參與討論。

12　Alexander W. Austin, *What Matters in College?: Four Critical Years Revisited* (San Francisco: Jossey-Bass, 1997), 425–426.

　　經過深思熟慮之後，我們想出了通識教育基礎課程的五個目標：(1) 培養學生共同的智力和文化基礎；(2) 養成對人類生存議題的敏感度；(3) 增加學生之間的智性對話；(4) 培養學生主動學習所必需的態度和技巧；以及 (5) 為將來學習奠下穩固基礎。

　　然後我們深入考慮過把經典選篇作為核心文本。不論在中西方傳統，我們相信引入經典是我們把博雅教育帶回通識教育的一項大膽舉措。二十世紀六十年代，閱讀經典曾經是崇基學院通識教育課程的一部分：二年級的中國文化課程要學習中國古典節選。三、四年級的通識課程則要讀柏拉圖、馬克思、尼采和佛洛伊德的作品。但當三所書院被合併成為一間行政和學術架構的大學時，閱讀經典的習慣便被捨棄掉。此後，再沒有任何通識課程要求閱讀經典。[13] 似乎很多大學都欣賞讀經典的價值。然而，不是簡單地把數以百計的經典納入教授的建議書目就可以引領學生進入經典的世界。即使我們的大學生十分不情願地相信古典文本的隱含價值，但我不認為他們會自願去讀這些建議選篇。我們需要採取恰到好處的方法來指導學生閱讀經典。我們只能開設兩門 3 學分的科目，因此無法仿效芝加哥的巨著叢書課程計劃，也無法仿效哥倫比亞的核心課程，或者耶魯大學的指導研究課程。因此，同時向 3,500 名學生提供經典選讀的兩門科目的構思似乎不太可行。

　　我們提議了透過閱讀經典的以主題為本的講座課程。這兩個科目分別是「人類在文化中的價值」和「人類在自然中的地位」。課程目的不只是讓學生閱讀中西方的經典文本，也希望削弱上世紀由查爾斯‧斯諾 (C. P. Snow) 提出的「兩種文化」的舊辯論。透過在入讀大

13　詳情請參閱我的文章 "Reintroducing Classics into General Education at the Chinese University of Hong Kong," in *Classics for an Emerging World: Proceeding of a Conference on Liberal Education and Core Curriculum*, ed. M. Theodore de Bary et al. (New York: Columbia University, 2008), 66–68。

學初期閱讀人文和科學文獻，讓學生不會因為不了解文化和大自然而先入為主地形成支持人文抑或科學的兩種文化偏見。這與唐教授的人文理念也是一致的，剛才在「香港中文大學的通識：第一階段」也提及過。經過悠長而密集的討論及考量後，我們想出了供兩門科目使用的經典選篇清單。在「人類在文化中的價值」裡，第一部分的指導核心問題是：甚麼造就美好人生？為甚麼社會是必需的？怎樣形成一個對人人而言都美好的社會？我怎樣能夠令如此「美好」的人生和「美好」的社會變得可能？而在「人類在自然中的地位」的指導問題是：甚麼是「真理」？知識如何可能？人類如何認識自然？以及人類在大自然中的位置。2008年試行了這兩門科目後，我們發現儘管科目受到學生的歡迎，他們都自願選修這兩門課，但課程的推行並未做到最理想。有一點很清晰：學生不會覺得讀經典是了無意義的，他們認同大部分的文本都與日常生活和學習息息相關。我們進行了聚焦小組調查，老師不參與其中，最後終於確定這兩門新科目的建議。之前的這兩門科目的選篇清單維持不變，但課程名稱更改了，現時稱為通識教育基礎課程──「與人文對話」和「與自然對話」。

　　現時課程的重點在於「對話」。我們堅信這核心文本課程不是要求學生對每一選篇都有深入的認識。即使柏拉圖在哲學堂上也不會照文本教導。課程目的是引導學生就《會飲篇》(*Symposium*) 的指導問題去閱讀、思考和互相討論。這並不是要求對文本有透徹的認識，而是注重講師和同學第一次一起嘗試閱讀經典的共同學習經歷。每篇文章的開首都有一些焦點問題，我們強調知識探究的開放性。對於有關人類存在的問題，沒有不可挑戰的真理或現成的答案。我們鼓勵學生對篇章中的論點保持懷疑態度。沒有終極的答案，只有對知識的主動追求。因此對話會永不終止。

　　為了令學生之間可以真誠對話，班級規模必須要小，每班人數上限為 25 人，由主修不同科目的學生組成。[14] 導師只有一小時的授課時間去介紹文本的背景和基本思考方向，餘下兩小時導修讓學生做匯報和討論。由此希望學生和文本之間、學生和講師之間、同輩之間，以及最終他們自己都可以進行有意義的對話。課程沒有綜合考試，但每位學生均須做口頭匯報、參與討論、撰寫至少三篇反思報告、就課本內容進行兩次測驗，以及最後繳交期末論文。由於兩門課都是必修的，因此學生必須取得合格才能畢業。

　　「與人文對話」中的經典選篇是與三個主題有關：

(1) **自我與人的潛力**：荷馬《奧德賽》、柏拉圖《會飲篇》、亞里士多德《尼各馬可倫理學》、《論語》和《莊子》

(2) **信仰與人的限制**：佛經（《心經》和一行禪師的〈般若之心〉）、《聖經》（〈創世紀〉和〈馬可福音〉）、《可蘭經》第二章〈黃牛〉

(3) **理想社會**：黃宗羲《明夷待訪錄》、盧梭《社會契約論》、亞當・斯密《國富論》、馬克思《1844年經濟學哲學手稿》

　　「與自然對話」也有三個指導性主題：

(1) **探索物理宇宙**：柏拉圖《理想國》、戴維・林德伯格《西方科學的起源》、科恩《新物理學的誕生》和牛頓《自然哲學的數學原理》

(2) **探索生命世界**：達爾文《物種起源》、沃森《DNA：生命的秘密》和卡遜《寂靜的春天》

14　一班只有 25 人這麼小規模，意味著每一門課要上 160 節（一年級生有 3,800 人），需要大學投入龐大的資源。這點最難遊說爭取教務會批准。幸運的是，教務會通過了課程的審批。

(3) **對於人類認知的認知**：彭加勒《科學與方法》、埃里克‧坎德爾《追尋記憶的痕跡》、李約瑟《中華科學文明史》、席文《何以科學革命不曾在中國發生——或者難道它沒有發生嗎？》、沈括《新校正夢溪筆談》、鄧納姆《數學那些事兒：思想、發現、人物和歷史》和歐幾里得《幾何原本》

這兩個對話課程已於2012年9月開始全面推行，最近聘請了27位擁有不同博士學位的年輕講師加入教學團隊，還有至少兩名榮休資深教授去教授部分課程。其實，我在上學期也負責任教兩班的「與人文對話」。[15]

這兩門課程的要求確實很高，不只是對於學生而言，對於老師也是。即使只是節錄，但每星期要閱讀經典，再要寫反思報告，對學生來說是很大的負擔，他們需要借助焦點問題去思考；而老師則需要在一小時的講授課堂裡面簡明地介紹文本，促進學生在導修堂的討論，不可發表太多個人意見。直至現在，我們都沒有收到過有關學生對課程的投訴，他們似乎很喜歡這種學習體驗。不過，通識教育基礎課程的成功仍需要通過質量控制的調查和聚焦小組來證明。

結語

2012年8月1日，我正式從中大退休。回顧過去擔任哲學系教授和大學通識教育主任的職涯，我為任期內所作的重大改變倍感自豪。[16]我們的通識教育課程獲得中國文化世界學者的讚賞和認可，成

---

15 自2016年開始，我負責任教「人文」與「自然」兩門課程。
16 2015年，香港中文大學獲美國通識及自由教育課程協會 (Association for General and Liberal Studies, AGLS) 頒發「通識教育優化模範課程獎」(AGLS Award for the Improvement of General Education: Exemplary Program

為了模範，即「中大模式」。當然，我們沒有絲毫自滿，因為課程還有很多不完美的地方，前面依然有很多的挑戰。然而，有一點很清晰：雖然通識教育的概念源於美國，但我們需要根據大學的理念和使命來設立獨家的通識教育課程。不管外國模式有多優秀，也沒有任何的美國模式可以複製。正如我先前提到的，通識教育體現了大學教育的本質所在。大學教育的本質在於保存博雅教育的傳統。因此，在現代的研究型大學裡面實踐博雅教育的傳統只能在非職業性、非專門性和非功利性的課程性質下實現。

回到我剛才在前言所表達的擔憂：我希望香港的人權、法治、出版自由和學術自由愈來愈縮窄這些逐漸逼近的威脅論只是誇大其辭。然而，在過去的14年我都竭盡全力地在香港中文大學的通識教育課程中重新引入核心文本和融合博雅教育的傳統。這個融入了博雅教育傳統的通識課程是否能夠持續下去，取決於我們的同僚有否齊心盡責。最後，我們不僅僅是教授通識，更是在捍衛大學教育的本質。直至現在，我對我的同事都滿懷信心。[17]

Awards)，當年共有四所大學獲獎。2007–2015年間，共有18所美國院校獲獎，而中大成為首間美國以外的獲獎院校。另外，中大通識教育課程團隊也榮獲2016年教資會傑出教學獎。

17　香港、台灣和中國內地大部分的大學在開辦通識教育課程時不僅在課程設計、資源及推行上遇到困難，也缺乏理念和領導的支持。我很幸運能夠得到大學領導層一直以來的持續支持，畢竟大多數大學對於通識的態度都只是光說不做。我很感激金耀基校長、楊綱凱副校長和沈祖堯校長，如果沒有他們對於通識教育和博雅教育的真誠承諾和信念，中大的通識課程不會取得今日的成就。當然，大學通識教育部的同事也是功不可沒的。

附錄

唐君毅銅像與中文大學
——訪問張燦輝教授[*]

前言

香港中文大學哲學系將於 2009 年為唐君毅先生立像,《毅圃》特訪了時任哲學系系主任張燦輝教授,以了解該計劃的來龍去脈。新亞書院從無到有、哲學系更改名稱、香港與哲學沾上了邊、中國哲學有了新基礎……這一切均是在 1949 到 2009 年的 60 年間發生,讓我們聽聽唐君毅先生的學生細細道來。

日　　期:2008 年 3 月 27 日

受訪者:張燦輝教授

　　　　(香港中文大學哲學系系主任、大學通識教育主任)

訪　　問:許婉紅

問:請問可否介紹一下唐君毅先生與香港中文大學哲學系的淵源?
　　為何哲學系有為唐先生立像的打算?

張:很明顯地,唐先生與我們香港中文大學哲學系有很深的淵源。
　　唐先生是新亞書院的創辦人,也是哲學系的創辦人、首任系主任及首位講座教授。

---

* 本文為弘毅教育文化學會在 2008 年與張燦輝教授對談的訪問稿,刊登於《毅圃》,第 47 期,http://www.wangngai.org.hk/47-drcheung.html。

在1949年，唐先生聯同錢穆先生、張丕介先生等中國學者，「避難」來到香港，並成立新亞書院。所謂「New Asia」，即是希望將中國文化重新定位、反省和發展的意思。另外，新亞書院亦創立了哲學教育系，這是哲學與教育學的結合。

新亞在1963年和中文大學合併後，哲學教育系亦改為哲學系。對於中文大學和新亞書院的合併，唐先生有所微言，認為聯邦制削弱了書院本身的理念，喪失了傳統書院裡師生密切的關係，以及教學相長、以人為中心的哲學教育目標。而在政府資助下，發展的機會也受到一定限制，故未能與原本的理念全面相容，這亦為事實，但這些均成歷史。唐先生和各先賢強調當代新儒家的文化精神，而在1958年，便有由唐先生執筆，張君勱、牟宗三和徐復觀諸先生聯署的《中國文化與世界宣言》的出現，以定立當代新儒家的理想。這是近代中國文化及哲學史上很重要的事件，對中大哲學系的發展，同樣有著深遠影響。

唐先生一生與中大有不能磨滅的關係，如中文大學的命名便是其中一例。中文大學與其他大學不同之處，並非教學語言之不同而已，其更是涉及不同的抱負。中大植根於中國文化，這一點在現在需要再次肯定。兩年前，中文大學有過教學語言的討論。中大哲學系是八間大學裡，唯一強調雙語教育的。我絕對不同意唯有用英語教學才能成為國際性大學的說法。唐先生本身就是一位國際認可的哲學家。而大學本身便是國際化的，如大學所教授的知識和圖書館的藏書等，均呈現國際化的一面。可能宋朝的書院裡真的只有中國書，但縱橫中外，除非一所大學的圖書館是完全沒有翻譯書的，不然，這所大學便是一所國際性大學，因為知識本身就是國際性的。我認同用甚麼語言來教學是個重要的問題，但不能以此定義一所大學是否為

國際性大學。我們肯定香港應立根於中國文化，放眼世界，強調雙語。唐先生由始至終重視中國文化，故不論在歷史淵源還是在理念方面，唐先生對於中大哲學系都是重要的。

事實上，唐先生在香港重整中國文化，其提出對中國文化、歷史反省的觀點，我們固然可以不同意，但卻不能忽視和否定唐先生在這些方面的努力。傳統中國文化不問成敗，只問價值及盡義。唐先生正是這樣的一個人物。唐先生與先賢們在桂林街時代，努力在香港建立中國傳統的書院精神。當時，唐先生帶著抱負和理念、心懷中國、肩負文化和歷史重任，其生活的物質條件雖然艱難，但他的學術著作都是在其時如此情況下之香港撰寫的，例如《中國哲學原論》、《哲學概論》(上、下)以及後期最重要的《生命存在與心靈境界》等。所以唐先生不僅是屬於哲學系的，還是屬於新亞、中文大學和香港的。

而發展中國哲學是中大哲學系其中一個最重要的方向。這一點在過去二、三十年的學術研究裡，似不佔顯要位置。大約兩年前，哲學系校友會提議重新確定哲學系對於中國文化的抱負和理想，但這方向卻似乎缺乏一個象徵標誌(icon)。自1949年至2009年，恰好是一個甲子，亦是唐先生的百歲冥壽，故我們認為是一個重新肯定唐先生的好時機。

唐先生的銅像由朱達誠先生設計，將放置於新亞書院的圓形廣場。屆時的情況將會是：孔子看著唐先生，唐先生則看著學生們，我想唐先生一定會感到開心，因為經過的學生都在看著他。大學不單是知識的傳遞，不是知識工廠，每一所大學都有她的文化使命。一所大學要有自尊，必先有理想。為唐先生立像可以重新表達他的教育理念。到目前為止，立像的籌款活動非常順利，籌款所得甚至遠超我們想像，現在來自全世界的

捐款已超過180萬港元。縱使有人說立像是一種個人崇拜,但我們都知道唐先生不是英雄,他所代表的是一種理念、理想。若你同意唐先生所表達的理想,在經過他的銅像時,你可鞠一個躬;不同意其所表達的理想的,亦可以不用理會。總的來說,曾與唐先生有親身接觸的人,同輩裡並不多,而我也快要退休了,於是更覺得為唐先生立像是責無旁貸。同學要知道曾有這樣一位人物,以及這人物對我們的影響。人的肉體雖不能長存,但精神卻永在。人生不只是存活於當下,立像正是能將此當下展現於未來。

問:唐先生在為學與為人上對您有甚麼影響?唐先生有甚麼書對您的影響最大?可否分享一些與唐先生相關的逸事?

張:老實說,我很少上唐先生的課,因為我聽不懂他的四川普通話。我們那一代,「香港仔」是不會說普通話的,但老師都容忍我們,於是上課時永遠是雙語,即老師說普通話,我們說廣東話。我記得唐先生總是很遲下課,抽很多煙,上課時候沒煙抽,他就拿著粉筆當煙卷。和唐先生傾談的機會不多,我讀大學時,他已差不多退休了。我只和他說過幾次話,有一次請他說海德格的存在主義,那時我三年級,感覺到他對學生的溫暖。和我聊天的時候,唐先生會問我在做甚麼之類,讓我覺得自己像在跟一個父輩的人聊天,能切實感到他對學生的關心。事實上,唐先生的學生都知道,唐先生是很維護和愛護學生的。

而我最喜歡讀唐先生的《人生之體驗》和《人生之體驗續編》兩書。有一篇說人生的艱難與哀樂雙生,很能感受到唐先生的悲天憫人。他儘管批評、討論負面問題,但仍透露著樂觀精神。他對中國文化和哲學,是肯定的;對人、對天,是樂觀

的。我也肯定和接受唐先生的這種樂觀精神。人要不斷努力，哀樂是雙生的，人生亦必定是艱難，故要一步一步地來。譬如他說：你以為做懶人容易嗎？艱難。你以為做賊容易嗎？艱難。當生命的要求壓下來時，你怎樣應付？精神病容易嗎？不容易。所以唐先生說我們要正面面對生命的苦難，我深受唐先生在這一方面的影響。

問：在經過唐君毅先生和牟宗三先生等先賢提倡後，您認為香港在中國哲學的研究上是否已經得到令人滿意的發展？中大哲學系在推動中國哲學的研究上，有甚麼具體的計劃？

張：中國哲學在大學裡還是新事物，不足數十年，而在世界99%的大學裡，中國哲學都不是被分類為哲學的範疇。故在世界哲學裡，中國哲學肯定不是一個顯學，不論是牛津、劍橋或是哈佛，中國哲學都是屬於東亞研究、宗教系或地區研究等。英美哲學和歐洲大陸哲學才是正宗的哲學，這是歷史上哲學的帝國主義，但也是我們要接受的現實。

　　哲學不是一種學科，哲學最終的問題，不是書本的問題，也不是經典的問題，而是當前人生的問題。哲學如不能反省當前人世的話，此哲學是死的學問。唐先生臨終前便很高興中國恢復了孔子的名譽。但隨著中國慢慢強大，中國哲學亦會出現變化，不再只是和西方的哲學作比較，或是只為政治服務，反之是發展較全面的學問。正是這一原因，德國出現歌德學校，中國亦出現了孔子學院，去年《論語》便賣出了200萬本，歷史就是這樣的。但正因為中國哲學還不是顯學，故中大哲學系更應責無旁貸地去研究和發展中國哲學。哲學系仍會雙語並重，在我任內，哲學系如有講座教授的話，一定是和中國哲學有關的。

　　我們和美國、大陸或台灣不同，他們大學裡有不同的哲學系，但香港的則寥寥無幾。香港大學哲學系的規模已不能算是一個學系了，這是令人悲哀的。嶺南大學哲學系亦缺乏發展中國哲學的意願，亦談不上做這方面的研究。而中文大學有獨特的位置，我們銳意研究中國哲學，並已在香港和世界上佔一席位。這幾年我們做了很多工作，如劉笑敢教授著作的出版、「中國哲學與文化研究中心」的成立等均是例子。信廣來教授去年（2008）從美國回來，更出任哲學系的講座教授，均有助中國哲學國際化。

　　中國哲學並不等於孔孟老佛，宋朝書院時主要讀物當然是四書五經。但現在讀哲學的人，已不能局限於宋朝時代的理解。就連「哲學」這詞，也不是宋朝時的字詞。中國哲學不是歷史的研究，中國哲學有生命，要與當代哲學的討論接軌、面對我們世界的問題，而不能只引一句「子曰」去解決問題。

　　哲學系過去舉辦的國際會議吸引了不同地方的重要學者，慢慢地，中大哲學系就會成為一個中心。成立「中國哲學與文化研究中心」是第一步，明年（2010）我們將把該中心易命為「唐君毅中國哲學及文化研究中心」。為唐先生立像是物質性的，但把研究中心易名卻是將唐先生放在研究的任務裡。之前對唐先生的研究不足，所以今後還要加強。2009年5月中，將有大型的世界和中國哲學研究的研討會，唐先生像揭幕禮和「唐君毅中國哲學及文化研究中心」成立典禮亦會一起進行。

後記

　　在訪問中，張教授告訴我們，《毅圃》是第一本知道哲學系將為「中國哲學與文化研究中心」易名為「唐君毅中國哲學及文化研究中

心」的刊物，[1]並希望透過這次訪問，將這個消息傳給所有關心中國哲學和文化的朋友，又透露自己很喜歡告訴學生有關唐先生和新亞的過去，認為那是一段難得的歲月。而身兼大學通識教育主任的張教授，在訪問中亦不忘跟我們分享他對大學教育的看法，如他引用了 *universitas*（拉丁文「大學」的意思）和 *collegium*（拉丁文「學院」的意思）的典故，解釋新亞「書院」和崇基「學院」的分別。原來在十六世紀，*universitas* 主要是將學者和學生聚集在一起、讓所有人一起學習的一個地方，故可謂是通識教育的雛型；而 *collegium* 則是最初西方有關大學的一個概念，和 *universitas* 發揮著差不多的功能。崇基學院正是承接西方基督教傳統教育下的 liberal college，其亦即博雅學院的傳統；而新亞書院則承接宋代書院傳統，著重以人為本的人文精神。我們希望藉著唐先生像的建立，能為日益商業化的大學校園帶來多一點的人文精神，為對中國文化有興趣的學者和學生帶來多一點的鼓舞。

1　編按：後來因各種原因，「中國哲學與文化研究中心」最終沒有改名。

美國大學通識教育核心課程考察報告[*]

與梁美儀、溫建華合著[**]

背景

大學學制的轉變

香港的大學學制將於2012年始由三年制轉為四年制。因應這種轉變，香港中文大學通識教育課程的修讀規定亦將由原來的15學分增加至21學分，其中，大學通識教育 (University General Education)[1] 將新增設一門6學分的一年級學生共同必修的通識基礎課 (foundation course)。此課程的設計交由大學通識教育主任統籌。為籌劃此課程，大學通識教育部積極研究海內外大學相關課程的設計和經驗，其中尤以美國大學作為研究重心。2007年6月4日至14日，大學通識教育部組成考察團前往美國訪問了六間著名學府，[2] 汲取幾間大學

---

[*] 原文載《大學通識報》，總第4期 (2008年6月)，頁129–149。

[**] 梁美儀，時任香港中文大學大學通識教育副主任、通識教育研究中心副主任。溫建華，香港中文大學大學通識教育部前任課程主任。

[1] 香港中文大學的通識教育由「大學通識教育」與「書院通識教育」構成，本文圍繞「大學通識教育」進行討論。參見 http://www.cuhk.edu.hk/oge。

[2] 這六所大學是：加州大學洛杉磯分校 (University of California at Los Angeles)、史丹福大學 (Stanford University)、華盛頓州立大學 (Washington State University)、紐約大學 (New York University)、哥倫比亞大學 (Columbia University)、波士頓大學 (Boston University)。

在設計和實施通識課程方面的經驗，作為構思一年級通識基礎課的參考藍本。

設立一年級通識基礎課的緣由

現時香港中文大學的大學通識教育課程採取近似哈佛大學的「核心課程」，同時融合了大學所倡導的中國人文傳統與西方博雅教育精神，課程分為四個知識範圍，分別為：「文化傳承」、「自然、科技與環境」、「社會與文化」及「自我與人文」。[3]學生須於每一範圍內選修最少一門科目，以完成大學通識教育修讀要求。實質上，學生在每個範圍內自由選科修讀，是一種分佈性的選修體制（distribution requirements），但課程結構根據人類知性關懷的四個最重要面向規劃，仍有一定的「核心」成分。

通識課程的設立旨在拓展學生的知識視野，讓學生認識不同學科的理念和價值，並提升他們對人類共同關心問題的觸覺。四個範圍的通識科目由全校八個學院的四十多個學系合力提供。據學生在科目評鑑（course evaluation）中的反饋資料所得，學生在寬泛的通識課程中自由選修，確實能增加他們在專科以外的知識，達到擴闊視野的目的。然而，由於不同科目間缺乏內在的聯繫和統整性，通識教育的理念和價值其實難以清晰且連貫地植入課程中。就現時香港中文大學的情況而論，不止學生，甚至連部分任教通識科的老師往往亦未能清楚掌握通識教育的精神。

針對上述問題，大學通識教育主任建議開設一年級學生共同必修的通識基礎課，旨在透過結構整全的課程，為學生提供共同的學習經驗，建立一個對人類自身和社會重大問題共同思考和討論的學

3　有關這四個範疇後來的名稱改動，請參考本書頁 xix 註 1 的編按。

習社群，培養跨學科視野，以及有針對性地提升學生的知性技能，如研讀文本、探究、口語表達、寫作及批判思維等。故此，這次訪問美國多間大學，我們亦把考察的重點放在對這些方面的觀察上。以下即總結我們此行考察的若干觀察和汲取的一些經驗。

通識教育核心課程的兩種類型

不同大學因應各自的歷史傳統、教育理念、可用資源等因素，發展出五花八門的通識課程。但若根據課程設置的基本原則作粗略劃分，通識課程主要可分為兩大類型：(1) 分佈性規定的通識課程 (distribution requirements) 及 (2) 核心課程 (core curriculum)。要清楚指出的是，上述是從課程理念出發作出的劃分。事實上，一所大學的通識課程可以同時包含分佈性選修制及核心必修制的成份。[4]

分佈性規定的通識教育課程的最基本目標是擴闊學生視野。課程中包含的科目種類相當寬泛，多數由不同學系提供，並按規定的學術領域或組別作出歸類。學生需要從這些規定的學術領域或組別中自由選修一定的學分以滿足修讀要求。此類課程的優點是科目易於開設，在人力資源設置上利用院系原有的人力物力，在投入較少額外財力和人力的情況下便可達到擴闊學生知識視野的目的；其缺點是整體課程結構鬆散及缺乏統整性，老師及學生均難以清晰掌握通識教育的目標和理念，科目素質的管理亦比較困難。

4　事實上，就觀察所得，六所大學的核心課程雖有所不同，但大致可分為三類：加州大學洛杉磯分校、史丹福大學和華盛頓州立大學都有分佈性規定的通識課程，核心課程只是整體通識課程的一個組成部分，針對一年級學生開設；哥倫比亞大學和波士頓大學都有完整跨學年的核心課程，可稱為「強核心課程」(Strong Core Curriculum)；紐約大學特設兩年制的「通識課程」(General Studies Program)，其中，為一年級學生設置的兩組核心課程共 4 門科目。

核心課程有特定的教育目標和內容，通常包含了大學所認定的學生必須具備的基本知識、態度和能力，要求所有學生（尤其是一年級學生）必須修讀。課程的整體結構較為嚴謹。此類課程的優點是可以為學生提供共同的學習經驗，並有系統地傳授該大學認為最重要的教育理念和知識。但實際的施行比較困難，因為一方面要對核心課程應包含的內容達成共識，這並不容易；另一方面，由於著重課程的統整性，往往需要充裕的資源作配套方能妥善施教並達致教學目標。

基於教授側重點的不同，實施核心課程可採取兩條不同的進路：

第一種，強調學生擁有共同的知性能力（intellectual abilities）。課程強調學習體驗，著重知性能力（intellectual skills）的培養多於特定內容的灌輸。課程通常會開辦一系列不同主題的科目供學生選擇。科目往往由不同學系的導師（instructor）合作任教，目的是讓學生認識不同學科對同一課題的認知觀點及處理方法。由於課程涉及選修部分，修讀A科目的學生自然無法獲得B科目所傳授的知識。縱然選修不同科目的學生所獲取的知識不同，他們所得到的學習體驗卻是相似的：透過對同一課題作不同視角的分析和討論，學習到不同學科的知識和理念，學會全面、多角度看問題，並理解不同學科認識事物方式的差異。

第二種，強調學生掌握共同的內容。一些核心課程設有指定的教授範圍和閱讀材料，要求所有學生必須修讀，即學習的知識內容是相同的。課程通常以大班講授、小班討論或二者相結合的形式進行，每班由一至兩位導師任教。對比而言，核心課程無論在規劃、教學安排及管理上，都比分佈性規定的通識課程需要更多的人力及物力資源。

　　香港中文大學即將新增的6學分一年級學生共同必修的通識基礎課，就性質而言，等同於美國大學的通識核心課程。要成功推行此課程，無疑需要縝密周詳的規劃及充足的資源配合。

強調共同知性能力的核心課程及其教學

　　此次考察中，加州大學洛杉磯分校與史丹福大學均採取強調共同知性能力的核心課程，兩校都將其作為整體通識教育的其中一部分，並針對一年級學生開設。

加州大學洛杉磯分校：一年級群組科目

　　加州大學洛杉磯分校原本只有分佈性規定的通識課程，學生需在「藝術與人文基礎」、「社會與文化基礎」和「科學探究基礎」三大領域中選修科目，修滿約45個通識教育學分方能畢業。這三大知識領域基礎目前仍然保留。

　　自1997年開始，該校嘗試在一般分佈性規定的通識科目之外，開設「一年級群組科目」（Freshman Cluster Courses），以提供多元學科視野和針對性地加強學生的寫作、推理、批判思考等多種知性技能。群組科目開設以後，備受好評，被視為理想課程模式的典範。學生修讀該課所得的學分可以抵免15個通識課程學分。加州大學洛杉磯分校每年約有4,000名新生，其中約有一半（即2,000名）一年級學生自願選讀一年級群組科目。

　　一年級群組科目屬於「著重共同知性能力」的核心課程，並不保證學生有共同的學習內容。群組內開設多個跨學科的主題科目，由於群組科目整體不是由一個系統理論推導而出，個別科目之間並沒

有明顯關聯。科目的設立由一兩位老師構思和發起，然後邀請其他老師參與，共同組織教學內容，訂定教材，因此，科目的設立是真正跨學科交流的結果。教學工作亦由來自多個學系的教師共同擔當。修讀群組科目的新同學選讀其中一門科目，即能體驗如何透過不同的材料、思考和研究進路去探索和討論同一課題，如此便可在學習一門科目的過程中對不同門類知識的性質和方法加以涉獵和比較。

現時一年級群組科目每年開設約十個不同主題的科目供學生選擇。[5]加州大學洛杉磯分校的學期採用季制(quarter)，一年有秋、冬、春三個學季，一年級群組科目縱貫三個學季。在秋、冬學季，各科目以大班講授及小班討論雙軌形式進行教學。不同學系的導師於大班講授科目中的主要內容，而研究生導師(graduate student instructor)則負責帶領小班討論，鼓勵學生深入探究及交流。大班講授每周兩節，每節75分鐘，每班可達500人。小班討論每周2小時，每班不超過20人。在春學季，群組科目會開設一系列與秋、冬學季主題相關的高級研討班(capstone seminar)，由研究生導師任教，討論題目將個別科目的主題整合起來。學生可以依照興趣自由選讀。

總而言之，一年級群組科目作為通識課程的核心元素，共同性不在於內容，而在於思考問題的跨學科進路，以及學生主動學習、探究的學習方式。

史丹福大學：「人文學科導論」

史丹福大學的通識課程既包括核心課程，亦包括分佈性規定

5　2006–2007學年群組科目共10門，其中3門與「美國社會文化」有關，4門以「科技與環境」為主題，1門以「性」為主題，另有「思想」和「表演藝術」2科。

的課程。[6]其中，第一範圍的「人文學科導論」(Introduction to the Humanities) 屬核心課程，要求所有一年級學生必須修讀。[7]

史丹福大學開設「人文學科導論」的目的是希望為新入學的學生提供一個共同的學習經驗、打穩學生自由教育的基礎，以及協助學生適應由高校升讀大學的過渡期。該校每年錄取約 1,600 名新生，每年亦分三個學季。

「人文學科導論」的課程結構分為兩部分：(1) 秋學季開設約八個環繞不同主題的跨學科導論科目，由多名來自不同學系的導師在同一科目中合作任教，以多學科視角對同一課題進行論辯，以刺激學生思考。這類似於加州大學洛杉磯分校的一年級群組科目，即兩者都設有一系列不同主題的科目供學生選修，且每門科目均有來自不同領域的導師聯合任教；(2) 冬及春學季由個別學系開設一批主題系列 (thematics equences) 科目，這些是以特定學科為基礎的科目，由個別學系的導師任教。學生在秋學季的課程中已經初步掌握了不同學科的治學方法，進入冬及春學季，即按照個人的治學取向選修以特定學科為基礎的科目，在知性探究層面上作進一步的深化學習。

「人文學科導論」的課程全部以大班講授和小班討論相結合的形式雙軌進行。大班講授課每班約 250 人，每周 2 節，每節 50 分鐘，由學系教授任教。導論課由一組老師決定 5 個閱讀文本，在課堂上對文本作不同詮釋。同學需精讀文本，以文本為根據，闡釋各自的

6　整個通識課程分為三個範圍，分別是：(1) 人文學科導論；(2) 分科寬度課程 (Disciplinary Breadth)；(3) 公民教育 (Education for Citizenship)。

7　第二範圍的「分科寬度課程」屬於分佈性規定的通識課程。課程定出五個學術領域，分別為：工程及應用科學 (Engineering and Applied Science)、人文學科 (Humanities)、數學 (Mathematics)、自然科學 (Natural Sciences) 及社會科學 (Social Sciences)。各學系負責開設不同領域的科目，學生須於每一組別至少選修一門科目。此外，學生亦須於「公民教育」科目中選修指定學分以滿足修讀規定。

立場和觀點，在小組討論中發言，並於課後撰寫論文。小班討論課
每班15人，每周2節，每節90分鐘，由博士後研究員（post-doctoral
fellow）任教。

對於聘請博士後研究員任教的安排，史丹福大學相關負責人解
釋，該課程一般聘用三年合約的博士後研究員，雖然此非終身教職
系列的職位，但史丹福大學的名譽及聲望仍可吸引到不少年資尚淺
的教師以此為職業生涯的開端。不過，他們的教學經驗也相應有
限，所以在教師培訓方面，校方較注重為博士後研究員提供核心課
程背景介紹、帶領小班研討的方法、相關知識等方面的輔導。

整體而言，「人文學科導論」課程中科目與科目之間並沒有明顯
聯繫，導論課與主題課之間的關係亦不明顯。所有一年級同學都要
修讀一門導論課和兩門主題課，因此亦不能保證有共同的學習內
容。但課程著重文本研讀，強化學生寫作及思辨的能力，還會引介
視覺藝術、音樂等方面的知識。

強調共同內容的核心課程及其教學

此次考察的另外四所大學，其通識教育核心課程均重視令學生
獲得「共同的學習內容」，不過，各校為學生選定的共同內容以及課
程架構存在差異。

華盛頓州立大學：「世界文明」核心課

華盛頓州立大學的通識課程架構分為三個階梯：第一個階梯的科
目要求一年級學生修讀，課程內容涉及基本知識及知性技巧。科目包
括：世界文明（World Civilization）、寫作傳意（Written Communication）、
數學技巧（Mathematics Proficiency）及科學（Sciences）。第二個階梯的科

目主要介紹不同學科的知識，屬於分佈性規定的課程。[8]第三個階梯的科目學術性要求較高，學生需就特定議題作相關研究並撰寫長篇論文。[9]

在上述三個階梯的科目中，以第一個階梯的「世界文明」為整個通識課程的核心課，所有一年級學生都必須修讀。課程內容主要介紹世界的主流文明，並探究相關的社會、政治、哲學、宗教等議題，旨在豐富學生的基礎知識，並讓學生掌握基本的治學方法。課程亦著重培訓學生的寫作、口語溝通和探究問題的能力。

華盛頓州立大學每年錄取約3,500名至4,000名新生。每學年分上下兩個學期。「世界文明」為期一學年，上學期「世界文明I」教授公元1500年以前的世界主流文明，下學期「世界文明II」講授公元1500年之後的世界主流文明。「世界文明」課程內容雖然具一定的歷史成份，但卻著重以跨學科的視角討論相關議題。學生學習以研讀文本為基礎。文本內容涵蓋的範圍較廣，足以讓各學科從不同角度對選定文本進行討論，教師在編排教程上亦享有相當大的彈性。此外，還為學生提供指定教科書和網上閱讀資料。同學需於上課前閱讀教科書和資料，查看指定的多媒體資料，並完成網上測驗。科目亦要求同學寫作、善用圖書館找資料及參加文化活動。

「世界文明」課程採取大班講授模式，人數由40至100人不等，學生可以自由參加小組討論。導師團隊來自8個不同學系，共有40多名。

8　第二階梯分為幾個特定範疇，包括：藝術與人文(Arts and Humanities)、社會科學(Social Sciences)、文化研究(Intercultural Studies)、生物與物理科學(Biological and Physical Sciences)及傳意技巧(Communication Proficiency)。

9　第三階梯的科目分為三個類別：以科學方法為基礎的科目、以社會科學方法為基礎的科目、以人文學科方法為基礎的科目。

紐約大學「通識課程」的基礎課系列

雖然紐約大學並沒有設立所有學生都必須修讀的通識課程，卻設有一個兩年制的「通識課程」，其結構可以媲美一個具統整性的通識教育課程。

「通識課程」是一個為期兩年的全日制課程，學生修畢此課程後可以取得副學士學位(Associate Degree)，之後可再選主修的專業，修讀兩年後即可獲得學士學位。「通識課程」為學生提供了一個全面而跨學科的人文基礎教育。課程當中的「文化基礎」(Cultural Foundations)和「社會基礎」(Social Foundations)系列是「通識課程」一年級生的必修課，也是整個課程的核心課。

「文化基礎」系列介紹從古代世界到現代文明早期的自我(self)概念，著重介紹不同文明如何透過文學、視覺和表演藝術以及音樂展示個人與社會的關係。主要概念包括：(1)神聖與英雄；(2)權力與解放；(3)美與愛；(4)古代與現代；(5)自我與他者；(6)男性與女性。

「社會基礎」系列介紹哲學、宗教、政治、社會、文化以及歷史的論述中最基本的問題。第一部分包括恆久的問題如：人與人的關係、環境、社群、政治組織和神聖。第二部分討論文藝復興以還觀念和價值的衝突，包括：(1)文藝復興與宗教改革對抗中世紀傳統；(2)科學對抗宗教宇宙觀；(3)自由與平等對抗傳統權威。兩個系列各分上下兩學期講授，上學期研讀由古代至中古的文本，下學期研讀由文藝復興到浪漫時期的作品。

「通識課程」的學生總人數為約850人。「文化基礎」與「社會基礎」兩個系列課程，每班人數上限25人。以歷史作框架，著重研讀文獻原典，發展學生的分析力、綜合思考能力及批判討論的語言能力。

「通識課程」有其專屬的教學團隊，導師專職負責教學，無需兼顧學術研究工作。團隊共有62位全職教授及40位兼職教授。每位教職員每學期約任教三個班，每班20至25人。

哥倫比亞大學的核心課程

哥倫比亞大學的核心課程是哥倫比亞大學自由教育的基石。核心課程相當具規模，包含一組科目，內容涉及文學、哲學、歷史、音樂、藝術及科學等範疇。課程著重統整性，讓學生系統而廣泛地認識在不同知識領域中具影響力的思想。哥倫比亞大學的本科生總數約為4,000人，每年約有1,000名新生。所有學生都必須修讀核心課程。

哥倫比亞大學的核心課程包括五個領域：（1）「當代文明」（Contemporary Civilization）；（2）「人文系列」（Humanities），又細分為「文學人文」（Literature Humanities）、「藝術人文」（Art Humanities）、「音樂人文」（Music Humanities）三組；（3）「主要文化」（Major Cultures）；（4）「科學」（Science）；（5）「其他」，包括外語能力、體育及寫作。

我們此次考察集中了解了「當代文明」及「人文系列」中的「文學人文」兩個領域的課程結構及運作。

「當代文明」與「文學人文」均為一學年的課程。「當代文明」主要透過介紹人類社群中政治、社會、道德等各方面的重要議題，引導學生探討如何建構價值觀，以期使他們成為積極和有識見的社會公民。「文學人文」主要透過研讀文獻讓學生了解「人文」概念在各種思潮中的演化，發展批判性思辨能力，並建構自我的價值觀。

「當代文明」及「文學人文」課程以小組形式教授，每班人數不多於22人，每周上課四小時。課程要求學生研讀文本，就文本中所圍繞的議論發表個人論點，並以口頭報告和寫作的形式表達。科目選

用之文本，除核心課程要求的基礎文本外，教師也可自選文本。老師充分意識到每組學生都有不同，學年開始時特別重視引導小組互動，建立智性社群，提高討論水準。

波士頓大學：文理學院的核心課程

波士頓大學文理學院的學生可以通過三種途徑滿足通識教育課程的修讀規定。第一種，修讀整套共8門科目的核心課程。第二種，從分佈性規定的課程（divisional studies program）中選修6門科目。分佈性規定的課程包含四個範疇：人文學科、數學及電腦科學、自然科學、社會科學。同學需按規定從特定範疇中選修一定的學分。第三種，按特定的科目組合，從核心課程及分佈性規定的課程中各選修一定的學分。波士頓大學每年約有1,850名新生入讀文理學院，其中有約500名學生選讀整套包含8門科目在內的核心課程。

核心課程共8門科目，學生需於第一學年及第二學年各修讀4門科目。8門科目中，4門屬人文學科類，2門屬自然科學類，2門屬社會科學類：

- **人文學科類別的科目**：遠古世界（Ancient World）、古代及中古世界（Antiquity and the Medieval World）、文藝復興（The Renaissance）、從啟蒙到現代（From the Enlightenment to Modernity）
- **自然科學類別的科目**：宇宙與地球的進化（Evolution of the Universe and the Earth）、生物多樣性及生命進化（Bio-diversity and the Evolution of Life）
- **社會科學類別的科目**：社會科學基礎（Foundations of the Social Sciences）、個人與現代性（the Individual and Modernity）

　　核心課程的目的是希望為學生提供自由教育的基礎，讓學生認識歷史的發展、科學中的重大發現及造就當代世界的文化傳統和價值觀，以及強化學生的思維及提升其學習能力。

　　課程以大班講授及小班討論相結合的形式進行。大班講授每周一次，每次80分鐘，要求全體學生（500名左右）一起上課。小班討論則每班20至25人，每周3小時。大班講授邀請大學較著名的學者任主講，小班討論由學系教授擔任指導老師。

　　核心課程以研讀經典文獻為主，內容涉及人文學科、社會科學及自然科學中的重要觀念及方法。在大班講授中，講者主要就環繞主題的相關概念及問題作提綱式引介；在小班討論中，導師會引領學生對主題作深入了解，並著重互動交流，發展學生的批判思維及寫作技巧。

通識教育核心課程的實施舉措

教師輔導及培訓

　　此次考察的幾所大學都十分重視為任教通識核心課程的教師提供輔導、培訓，以及增加教師之間相互交流的機會和渠道。從內容上看，此類教師發展活動主要有四方面：(1)向新教師介紹核心課程的背景資料；(2)為帶領研討班的教師提供教學法培訓；(3)擴展教師的知識基礎；(4)教師之間就授課經驗互相交流。在培訓課程的組織方式上，主要有定期聚會、工作坊、單獨的培訓課程、構建網絡資源平台等形式。

　　加州大學洛杉磯分校為協助研究生導師教學，一年級群組科目負責部門每年均會組織培訓及輔導課程，為導師提供相關課程資訊，包括群組科目的歷史背景、課程目的、一年級學生的特性、課

程的評核機制及教學支援配套等。另外，部門每學年亦會組織三次研討班發展工作坊 (seminar development workshop)，為有意於春學季開辦研討班的研究生導師提供輔導。工作坊會邀請資深的導師講解如何設定研討主題、選定教材、安排教程，以及傳授促進課堂討論氣氛的技巧等。

史丹福大學為協助博士後研究員指導小班討論課，每學年均舉辦一個為期兩星期的輔導課程。課程內容除了介紹課程的歷史、目的、教學隊伍的成員外，亦會邀請較資深的博士後研究員講授實務性教學技巧，如文本的選擇、教程和課業的編排等。此外，亦會邀請專家講授一些與課程相關的議題，以提升教學人員的知識水準。

華盛頓州立大學任教「世界文明」核心課的導師每年暑假均需參加一個為期一星期的暑期工作坊，並於學年間參加數次會議，討論有關課程的問題及交流教課經驗，如課程的內容、討論的議題、教學法等，藉以改進課程質素。

哥倫比亞大學核心課程領導人相當注重教師之間的溝通，由於「當代文明」及「文學人文」的教師團隊均來自不同學系，因此每週舉行午餐聚會，藉此提供平台讓導師們交流課程中的種種事項，如教學法、課程內容、討論問題等。此外，亦會邀請個別課題的專家於午餐聚會時作專題演講，以開闊導師的知識視野，提升教學知識水平。

波士頓大學現時大約有50個來自不同學系的老師任教核心課程，平均每人每學期教授一班。任教核心課程的導師每星期會面一次，就課程問題作討論及交流。所有課程資料，如教學大綱、討論題目、課業試題及其他相關的教學資源亦會存檔，供導師互相取用和分享。

　　與其他幾所大學的實施舉措略有不同的是，紐約大學「通識課程」通過構建網絡資源系統——黑板系統（Blackboard）——為核心課程的師生提供資源共享和溝通交流的平台。黑板系統分為三個方面：

- **導師空間（faculty space）**：是「通識課程」導師以及行政人員間溝通的橋樑。用戶可以發電郵給所有或特定的群組，以便互相交流。導師亦可以從中尋找到不同課程的大綱、指引、教材，以及網絡連結等。

- **媒體庫（media matrix）**：包含特別為配合課程設計而選定的電子素材，是所有「通識課程」電子教材的總匯。導師可以把教材自行複製到其個人的科目網頁中。通過媒體庫，導師亦可以快速連結至圖書館已擁有版權的資料庫，獲取文本、音樂及錄像等資源。

- **虛擬公共空間（virtual commons）**：包含所有與課程相關的資源及課外資源。虛擬公共空間的設立是希望幫助學生認識科目之間的關聯，以及課程與外在世界的聯繫。此空間亦會放置多媒體資訊、學生項目（project）的題目、圖書館連結以及網路資源等。

資源和激勵機制

　　除提供同教學直接相關的輔導和培訓外，部分大學還通過提供資源的方式激勵教師投入核心課程的教學。在激勵教師的諸多措施中，大部分學校均通過為教師提供津貼的方式以作支持，哥倫比亞大學還為教師提供帶薪學術假期以作激勵，加州大學洛杉磯分校則從工作量的角度考量，在教師工作量以及學系對課時的認可上作出安排。

　　加州大學洛杉磯分校開辦一年級群組科目成本巨大，每門科目每年所需成本約為20萬美元。其中85%用作支付教學薪金，其餘15%則用作支持行政及班級運作的開支。群組科目設有相當完善的激勵機制，以吸引導師開課和任教。如導師任教群組科目，其所屬的學系即可獲得教學豁免津貼，用作另聘教員補充學系科目師資之用。至於導師，每教授一門群組科目，即可豁免於學系教授一門科目 (以每學季計)。首次任教群組科目的導師，更可額外獲得4,000美元津貼。另外，研究生導師參加輔導課程或工作坊，亦可獲發少量津貼。

　　史丹福大學所設立的激勵機制亦相當完善。首次任教秋學季「人文學科導論」的導師可獲得10,000美元津貼，以作課程設計及編製教材之用。若導師於第二年起仍繼續任教，每年將獲得5,000美元津貼。首次任教冬及春學季的導師可獲得3,000美元津貼。此激勵機制只適用於「人文學科導論」與導師之間，學系與「人文學科導論」項目則沒有任何激勵或補償性的關聯。

　　華盛頓州立大學的通識教育部以比較間接的方式鼓勵學系提供師資。凡任教核心課程導師，其所屬學系在收取研究生方面都會獲通識教育部提供的財政支援，令學系有更好的發展機會。

　　哥倫比亞大學對核心課程的重視亦可以反映在其完善的激勵機制上。按現時規定，高級導師 (senior instructor) 連續四年任教核心課程，即可以獲得一學期的有薪假期。另外，科目的核心講者 (core lecturers) 可每年獲得5,000美元津貼，若連續任教四年，可另獲7,000美元的暑期津貼。

活動及出版

波士頓大學雖無施行額外激勵措施以吸引導師任教，但仍有不少導師出於對通識教育理念的認同，願意任教核心課程。不過，該大學會為學生學習提供資助，其核心課程每年均會資助學生參加文化活動和短途旅遊。課程亦提供資源，鼓勵學生將修讀課程的論文習作結集出版，展示學習成果，刊物編輯工作由學生擔任，以提升他們的組織和領導能力。

質量保障機制

為保障通識教育核心課程的質量，各校均採取措施了解具體科目運行情況、評估課程的整體質量。主要舉措有：設立獨立工作組評估課程，設立督導委員會指導核心課程管理部門的運作，建立科目資料檔案袋，進行科目教學評估，及進行現場課堂觀察。

與一年級群組科目相配合，加州大學洛杉磯分校成立通識教育群組科目評價工作組（Workgroup on General Education Cluster Assessment），1998–2003年對群組科目進行為期五年的調查與評估。此外，群組科目行政小組與大學本科教育評估辦公室（College's Office of Undergraduate Evaluation）合作完成《1998–2003年一年級群組科目自我回顧報告》（*Self-Review Report of the Freshman Cluster Program 1998–2003*）。不僅如此，2003–2004學年，大學教務會（Academic Senate）還對一年級群組科目進行了實地考查（site review）。

史丹福大學的質量保證機制分為兩層。一層為「人文學科導論」課程辦公室，負責日常管理和評估工作，其上又設立督導委員會（Governance Board）監督其教學質量，並對其發展給出指導。

華盛頓州立大學[10]、紐約大學[11]及波士頓大學[12]則分別通過建立科目檔案袋、科目教學評估及課堂觀課等方式,蒐集科目設計及教學相關的具體信息,以考察通識科目與核心課程之間的配合程度及科目質素。

從美國核心課程經驗獲得的啟發

這次赴美考察,蒐集了數間美國大學規劃通識課程的資料,收穫可謂不少。其中對香港中文大學籌劃一年級共同核心課程較富啟發性的經驗可歸納為如下八個要點:

設立核心課程的共同目標

六間大學的通識核心課程雖然在結構與內容上有所差異,但都圍繞著以下三大共同目標:

1.　建立知識基礎,讓學生更了解自身以及其身處的社會及世界;

2.　培養及提升學生的知性技巧,包括閱讀、探究、寫作、語言溝通,及批判思維的能力;

3.　為學生提供一個共同學習的經驗,由此塑造有利的學習環境,建立學習社群。

10　華盛頓州立大學的具體要求為:(1)教師向通識教育主任提供科目教學大綱,以確保各個科目與通識教育整體目標保持一致;(2)每學期末對各科目作教學評估。

11　紐約大學採取的方式為:(1)學術事務部門審閱科目大綱,若科目主題被質疑,該科將可能被取消;(2)教師需依照通識科目指導設計內容,但同時享有確定科目架構的靈活度;(3)學院教師及行政人員每年例行觀課;(4)建立科目檔案袋,資料用於審查與評估。

12　波士頓大學主要採取兩種方式:(1)核心課程主任定期觀課;(2)每學期進行教學評估。

除上述目標外，哥倫比亞大學核心課程試圖實現探討及構建價值觀，以及培養社會公民的目標，紐約大學提出的令學生通過文化主題的探究以理解個人與社會關係的目標，也都值得我們參考。這些目標指明核心課程將對學生內在價值、理性判斷、自我理解等方面產生影響。

注重跨學科知識的傳授

據觀察，幾乎所有的通識核心課程都注重知識的整合性及傳授跨學科知識，以培養學生的跨學科視野及融會知識的能力。

經典名著作教材及其選定標準

此次訪問的六間大學，大部分都以研讀經典名著作為核心課程的閱讀文本，由此反映了一種教育的共通信念：大學教育就是要將人類文明或偉大思想的要素傳授給學生，讓學生對人類文明的遺產有所體認，承擔起傳承文明歷史的責任。然而古今中外的經典名著龐雜，應如何作挑選呢？受訪大學大都表示文獻選取的標準主要是取決於文獻內容能否激發多視角的思考，以便引導學生作多方面的反思和討論。此外，大學本身所承傳的教育理念及面向的社會和文化環境，亦是選定文本的重要依據。選擇能啟發學生對自身及身處社會作省思的作品，顯然比單純地介紹「巨著」(Great Books) 更有實質意義。

小班模式授課

受訪的六間大學中，有四間大學採用了大班講授及小班討論相結合的形式授課。其餘兩間則純粹採用小班討論上課模式，人數均

不超過 25 人。小班上課無疑是較理想的教學模式，它除了可以增加學生和教師接觸交流的機會，亦可加強教學的互動性、強化學生對課程的投入感，更有利於學習社群的建立。

教師團隊的建立

核心課程的成功有賴於導師的協作和溝通，因此確立完善的溝通機制相當重要。哥倫比亞大學與波士頓大學每週均舉行導師聚會，就課程內容、討論議題、課業安排等進行交流，促進和加深導師之間的合作及聯繫，務求完善課程，以達至更佳的教學效果。

培訓及再教育（Re-Education）

據觀察，幾乎所有的核心課程都重視跨學科知識的傳授及培養學生的知性能力，任教核心課的導師無疑需要比一般教授專業科目的導師具備更廣闊的知識視野和引領學生反思議題、進行討論的指導能力。為協助導師更有效地達成核心課程的教學目標，不少受訪大學都會為導師提供輔導課程及培訓工作坊，甚至提出「再教育」概念，鼓勵導師擴闊知識視野和提升教學能力。

導師在教學上的自由和彈性

縱然大部分受訪大學對核心課程的教授範圍及教學大綱設有基本指引，但在實際教學方面，卻往往給予導師相當大的彈性和自由度。導師可以自由編定教程及增加教材。導師間亦可以彼此交流，交換教學心得和資訊，豐富教學內容。

激勵或補償機制

除紐約大學外，所有受訪大學都邀請不同學系的導師任教核心
課程。就一般的情況而論，如學系教師同意任教通識課程，通常都
要面對兼顧學系課程和學術研究的壓力。為此，確立完善的激勵及
補償機制，能在一定程度上減緩教師或學系所面對的壓力和困難。

結語

二十世紀的美國大學教育曾發生過多次改革浪潮，通識教育更
是改革洪流的焦點所在。美國對通識教育的推行和反思，無疑比香
港及國內地區深遠得多，他們的經驗自然有許多值得我們借鏡和學
習之處。此次考察，豐富了我們對通識課程規劃和實施的設想，對
我們日後規劃一年級共同必修課具有相當重要的參考價值。

香港中文大學推行一年級共同必修核心課，除標誌著校方對通
識教育的高度重視外，亦是大學課程結構及編排上的一項重大革
新。按現時的推行方案，此課程的結構將與一年級必修的語文學習
課程聯繫，以增強課程間的統整性，並擴展和提升學生的學習技
能。這實在是香港中文大學在課程編排上的一項新嘗試。

我們期望，透過通識核心課程的設立，能向我們的學生更清晰
地傳遞大學的理念和通識教育的價值，並令老師和同學都對通識教
育的價值產生真正的認同感。

附表　美國大學通識教育考察之旅的行程安排

加州大學洛杉磯分校（University of California at Los Angeles）	
訪問日期	2007年6月4日
考察重點	一年級群組科目（Freshman Cluster Courses）
接見代表	Prof. Gregory Kendrick (Director of Freshman Cluster Courses)
史丹福大學（Stanford University）	
訪問日期	2007年6月6日
考察重點	人文學科導論（Introduction to the Humanities）
接見代表	Prof. Russell Berman (Faculty Director of the Introduction to the Humanities); Dr. Ellen Woods (Associate Director of the Introduction to the Humanities, Associate Vice Provost for Undergraduate Education)
華盛頓州立大學（Washington State University）	
訪問日期	2007年6月8日
考察重點	「世界文明」課程（World Civilization Program）
接見代表	Dr. Richard Law (Director of General Education Program)
紐約大學（New York University）	
訪問日期	2007年6月11日
考察重點	「通識課程」的基礎系列（General Studies Program: Foundation Sequences）
接見代表	Dr. Robert Squillance (Assistant Dean for Academic Affairs of General Studies Program)
哥倫比亞大學（Columbia University）	
訪問日期	2007年6月12日
考察重點	核心課程（Core Curriculum）
接見代表	Dr. Deborah Martinsen (Associate Dean of the Core Curriculum); Prof. Patricia Grieve (Chair of the Committee on the Core); Dr. Kathryn Yatrakis (Dean of Academic Affairs)
波士頓大學（Boston University）	
訪問日期	2007年6月14日
考察重點	文理學院的核心課程（College of Arts and Sciences: Core Curriculum）
接見代表	Prof. James Johnson (Assistant Dean and Director of the Core Curriculum)

內地三市五校文化素質教育考察報告[*]

與梁美儀、才清華合著^{**}

緣起

香港中文大學通識教育研究中心成立以來，陸續開展一系列與通識教育相關的研究工作。研究中心的目標，並不局限於探討香港本地大學通識教育的發展，同時致力於與華人地區，尤其是中國內地和台灣等地大學間的溝通與合作。為實現這一目標，研究中心積極構思一系列計劃，考察、調研內地大學文化素質教育是計劃之一。

據我們理解，內地文化素質教育雖在內容與形式上同香港的通識教育存在著一定差異，但兩者所秉持之理念與目標無疑是一致的，即均以「全人發展」為核心。內地大學與香港各大學有著不同的發展軌跡，特殊的社會背景決定了兩地大學間在教育實踐方面各具特色。然而，在兩地高等教育界近年面臨的各種挑戰中，「如何培養人」始終是揮之不去的共同問題。

就國內而言，1952年內地大學仿照蘇聯模式進行院系調整，強調專業培養，衍生一系列弊端，文化素質教育恰是應扭轉專業教育之弊而生。內地實踐文化素質教育逾十年，取得的成績有目共睹。

* 原文載《大學通識報》，總第2期（2007年3月），頁169–193。

** 梁美儀，時任香港中文大學大學通識教育副主任、通識教育研究中心副主任；才清華，時任香港中文大學通識教育研究中心研究助理。

值得注意的是，文化素質教育的內容與形式近年來亦在不斷調整，尤其是「通識教育」這一名詞愈來愈為內地大學所注意和接受，可以說，文化素質教育與通識教育大有漸趨融合之勢。

此次訪問即基於上述背景策劃而來。2006年6月14日至22日，我們一行三人展開了對內地三市（北京、武漢、上海）五所全國重點大學（清華大學、北京大學、中國人民大學、華中科技大學、復旦大學）[1] 文化素質教育的考察之旅。我們所關心的是，內地大學開展文化素質教育所取得的進展，以及發展至今所積累的經驗對香港高等教育界之借鏡。香港各大學或許在通識教育的課程體系建設方面比內地大學先行一步，但我們也注意到近年來內地一些大學大刀闊斧的學制改革，實際上已走在香港各大學前列。目前，內地一些大學已漸將通識教育課程體系建設提上日程。而在香港，隨著四年制大學在2012年落實，各大學亦正積極檢討現有學制問題。因此，加強兩地間之交流，互相了解各自積累的經驗，並就實施文化素質教育過程中各校共同關注的課題、遇到的困難以及解決難題的方法等進行充分的討論，由此避免不必要的彎路，定將有助於我們進一步促進高等教育的發展。

此次訪問主要以座談、參觀以及聽報告等形式進行。訪問前，我們曾通過互聯網絡或其他途徑盡可能地蒐集各校資料。百聞不如一見，通過與各校同仁們面對面暢談，我們對幾間大學文化素質教育的狀況形成了更深刻的認識，可謂收穫甚豐。

因時間所限，我們或許未能了解各大學文化素質教育的全貌，故此報告基本上是從某個角度或側面出發作出總結，但我們相信，透過此報告了解內地不同大學開展文化素質教育的特點仍有裨益。

1　按訪問先後次序排列。

　　據我們了解，文化素質教育是一個由上而下推動的教育改革運動，然而，不同的大學對文化素質教育的理解和具體實踐情況有很大差異。就我們此次訪問的幾所大學而論，他們對文化素質教育的理解及實踐大致可歸納為三類。第一類以開展活潑多彩的課外文化活動，亦即「第二課堂」，為推動文化素質教育的主要渠道。中國人民大學和華中科技大學在這方面成績卓著。第二類以建設文化素質教育課程為實施文化素質教育的重點，其中以清華大學核心課程和北京大學的通選課最具代表性，華中科技大學亦著手在這方面進行建設。最後，是以更為全面的學制改革去實現文化素質教育，北京大學的元培計劃和復旦大學復旦學院的成立，已引起內地對新型培養模式如火如荼的討論，此類文化素質教育實踐形式正備受關注。以下擬就我們的觀察所得，逐一介紹各校情況，並於文末總結實地考察後的一些思考。

中國人民大學的德育、美育實踐

　　中國人民大學(以下簡稱「人大」)實踐素質教育，重點在德育和美育。這兩方面的實踐主要由人大學生工作處負責落實。6月16日，人大學生工作處處長高祥陽老師向我們介紹了人大德育、美育實踐的工作重心、系統和隊伍等情況。來自學生工作處的素質教育指導中心副主任李明奎老師、學生藝術團王建老師、學生工作處楊明剛老師、任憲偉老師，以及徐悲鴻藝術學院別敏教授、幾位藝術團的老師和同學一同參加了座談。

　　高祥陽老師介紹說，人大的德育、美育工作主要圍繞兩個計劃開展，兩個計劃分別是大學生素質拓展計劃和青年發展戰略計劃。大學生素質拓展計劃的工作重點在如下一些內容：

1. 思想政治與道德素養；
2. 社會實踐與志願服務；
3. 科學技術與創新創業；
4. 文體藝術與身心發展等。

青年發展戰略計劃則包括可靠接班人培養計劃等內容。

　　負責上述工作的隊伍有心理健康隊伍、黨團幹部隊伍、學生骨幹隊伍（如學生媒體）等。目前較有特色、已取得一定成績的亮點工程有：

1. 校園精品文化工程：如特色文化主題教育活動、學生藝術團及學生藝術類社團開展的活動；
2. 學生的自立自強工程：如由學生資助辦公室、勤工助學服務中心向同學提供各類勤工助學工作崗位；
3. 校園輿論導向工程；
4. 志願服務與實踐工程；
5. 青年戰略發展工程；
6. 心理港灣工程（青春健康之旅）；
7. 安全與國防教育工程。

　　高老師認為，在新的社會環境下，高校的德育工作已不能因循以往舊模式，而要注重創新。因此，相對過去的工作，學生工作處轉變德育觀念，更為注重以人為本，改變以往單向灌輸的工作方法，嘗試以更具親和力、易於為學生接受的方式開展工作。

　　人大學生工作處是一個充滿活力和朝氣的團隊，老師與同學間亦師亦友。人大的德育、美育實踐，在許多方面甚為成功，學生藝術團已獲邀到各地多所大學演出訪問，有一定知名度。藝術團的同學多才多藝，品學兼優。

　　由於人大的素質教育課程主要由教務處管理，我們此次訪問未能拜訪其他教學部門，對人大素質教育於知識性的學術課程方面的建設所知有限。總體而言，人大將德育、美育實踐作為素質教育的重心，可視為內地大學構思素質教育的一種有代表性的模式。

華中科技大學的第二課堂與文化素質教育課程

　　華中科技大學是內地最早提倡文化素質教育的大學之一，大學的歷屆校長都相當重視文化素質教育。6月19日、20日，我們在華中科技大學國家大學生文化素質教育基地舉行了兩場座談會。與會的有前校長楊叔子院士，校黨委副書記、國家大學生文化素質教育基地主任歐陽康教授，基地副主任余東升教授，基地成員郭玫、張俊超老師，以及執教人文選修課的梁紅教授。

　　總結兩次座談會內容，我們了解到華中科技大學在開展第二課堂方面已取得了顯著成效，在文化素質教育課程建設方面則仍面臨挑戰。

第二課堂建設

　　華中科技大學第二課堂的傳統特色項目是開展多年的人文講座。講座由國家大學生文化素質教育基地組織策劃，每週都有，至今已舉辦超過1,000期。在華中科技大學聽講座已漸成為校園文化標誌之一，不僅校內學生熱衷於聽講座，還吸引了其他學校學生遠道而來。華中科技大學還在人文講座的基礎上，結集出版了《中國大學人文啟思錄》，至今已出版六卷。

　　除舉辦人文講座外，基地還協調其他部門(如學生工作處)舉辦各類活動。另外，每年定期舉行的「中國語文水平達標測試」也已固

定為所有在校生必須參加的項目。「測試」旨在強調語文運用能力的重要性，學生若未能通過考試，將不能取得畢業證書。

文化素質教育課程建設

文化素質教育基地在推動第二課堂方面不遺餘力，文化素質教育課程規劃則由教務處主理。另外，文化素質教育基地亦透過資助少量課程（如「中華詩詞創作」、「京劇欣賞」等科目）參與課程建設。

余東升教授介紹說，目前的基本修讀要求，是理、工、醫科學生修讀10學分人文社會科學課程，文科學生修讀6學分自然科學課程。推行文化素質教育課後，課程規模擴大，門類、數量均有增加，但科目質量顯得參差，優秀的老師往往不能為文化素質教育開課。學校對人文選修課的審查也很寬鬆。因此，仍有改善空間。雖然教授文化素質教育課所計工作量比講授專業課所計工作量大，但仍需激發老師們對文化素質教育課的積極性。

歐陽康教授也表示，現在推進文化素質教育課面臨挑戰，主要體現在體制方面。因為中國大學自身歷史造成的局限，要突破原有學科建制有難度，制度上的課程變革也不易，比如政治理論課已佔一定學分，若再增加文化素質教育課學分，學生負擔會過重。因此，進一步調整存在一定限制。此外，歐陽教授還指出，目前中國大學光講文化素質教育仍不夠，還應該重視道德素質、心理素質、政治素質方面的培養，很多大學生對生命價值、自身責任沒有清晰的認識，大學應擔負培養的責任。

瞻望未來發展，余東升教授認為如能成立專家委員會，深入研討適於華中科技大學的教育課程體系，必會有助於文化素質教育課程建設。

　　華中科技大學在推動文化素質教育方面做出的努力有目共睹。值得注意的是，學校為提高教學質量，在促進師資方面亦實行了一些切實舉措。比如：學校不斷對工科老師提出加強人文素質的要求。提倡將人文精神融入專業課的講授。為此，學校明確規定老師修讀相關課程。基地與教務處、人事處也曾聯合舉辦教師讀書班，並將其納入教師考核體系。此外，大學亦重視相關的科研專案，以高等教育研究所的力量為依託，重視素質教育的研究。應該説，這些努力都令華中科技大學的文化素質教育走在眾多工科大學的前列。但是，我們也看到，要克服挑戰，必須從制度上進行改革。尤其是課程建設問題，須由具學術識見與權威的部門來擔當組織和管理工作。誠如楊叔子院士所言，教育問題是歷史形成的社會問題。中國大學的文化素質教育涉及本土化、制度化問題。

清華大學的通識課建設

　　清華大學是我們此次訪問的第一站。6月14日，在清華宏盟樓國家大學生文化素質教育基地，我們見到了基地顧問張豈之教授、基地主任胡顯章教授、副主任曹莉教授、程鋼教授，以及二位任教通識課的老師 —— 歷史系彭林教授、中文系孫明君教授。座談會由胡顯章教授主持。張豈之教授首先向我們介紹了文化素質教育在中國內地大學的宏觀發展，以及國家對文化素質教育的重視與提倡。其後曹莉教授介紹了清華大學通識課建設情況，彭林教授和孫明君教授分享了授課經驗與感受。最後，程鋼教授簡要地介紹了清華大學文化素質教育第二課堂的發展。

通識課建設的重點、難點以及取得的成效

據曹莉教授介紹，清華大學的通識課最初由選修課發展而來，後來在內地高校普遍開展文化素質教育的大背景下，逐漸發展為由課組課程為基本體系框架的通識教育基礎課程。2002年清華開始規劃文化素質教育通識課十大課組。這一規劃的另一個背景，是清華加入了教育部「985計劃」。該計劃在1998年5月值北京大學百年校慶期間提出，目標是將納入此計劃的一批重點大學建設成為世界一流大學，隸屬此計劃的大學將得到國家的財政資助。現在，清華執行「985計劃」已進入第二期，由此通識課得到相應的發展和調整。從2006年秋季學期開始將實施新的本科生文化素質教育方案，新方案根據培養要求和學科專業之間的內在聯繫，將原來的十大課組重新整合成八大課組(歷史與文化；語言與文學；哲學與人生；科技與社會；當代中國與世界；法學、經濟與管理；藝術與審美；科學與技術)，2006年秋季可選科目達276門，2007年春季可選科目達284門。與此同時，重點支持以人文教育為核心的「文化素質教育核心課程計劃」暨「985二期」試點工作。目前所設置的首批24門核心科目涵蓋哲學、歷史、文學、藝術、當代中國與世界等人文社科領域，以閱讀經典、深度學習、嚴格要求為宗旨，採取名師上課、助教導修(部分課程)的雙軌教學方式，旨在更加堅實有效地奠定本科生的人文知識和人文素質基礎，並對其他文化素質教育課程起到以綱帶目的示範作用。在簡要介紹清華通識課的發展和結構後，曹莉教授很坦誠地談到清華建設通識課過程中遇到的諸多問題。她認為，目前清華在通識教育「要不要做」及「怎樣做」兩方面都存在問題，尤其前一個問題更加突出。大家雖然口頭上一致認同通識教育理念，卻在很多方面需要繼續努力。若同國外相比，實際上表明仍然存在著理念認同問題。老師、同學對通識課的理解存在偏差，許

多人認為通識課就是擴大知識面的概論課,屬於二等課程,因此不受重視。她認為認同感的增強非一蹴而就,須假以時日,只有待大家有了切身認識與體驗後,才能形成真正的認同。

在實踐方面,曹莉教授認為,從課組的規劃與完善,到科目設計、教學水準等均有改善空間。其中一個比較大的問題,是文科系發展後引發人力資源問題,可以說,這是像清華這樣以理工科見長的大學所特有的問題。自1952年全國院系調整後,清華的文科系一直到二十世紀八十年代中後期才只有一兩個本科專業,老師們全部負責教授公共課。近年來,越來越多的文科系開始恢復本科招生,各文科系由原本專注通識課教學,變為同時負責本系專業課和通識課,本系專業課的加入無疑會削弱各系開設通識課的精力。況且,一個比較現實的問題在於,隨著本科專業的開設,各系所關注的重點很自然地由通識課轉向系專業課,因為專業課真正關乎學系的發展。事實證明,這一局面不可避免地導致各學系側重系專業課教學,比如集中系裡最好的師資於專業教學。這便間接地造成通識課水準降低。此外,個別學系對通識課採取不鼓勵態度。例如,在計算工作量時,規定上本系專業課計工作量,上學校開的通識課不計工作量。由於要兼顧教學與科研,精力有限,此類政策在老師考慮開設哪些課程時有決定性影響。目前重點扶持核心課程,旨在緩解這一問題。

就上述問題,胡顯章教授也補充說,專業主持人(系主任)對通識課的態度很關鍵,有的專業主持人重視專業教育,卻不重視學校通識教育,其所屬學系於學校通識教育的參與度必然低。可見,如何平衡專業課與通識課間的張力,是當前亟待解決的問題,事實上,這一問題已不只是清華文科的問題,亦是其他各學系普遍面臨的問題。

　　除專業課與通識課間的矛盾較為突出外，曹莉教授還指出，通識課的數量及質量均未盡理想。清華每年約有3,200名學生修讀通識課，目前只能達到每人平均選修兩門核心科目的水平。由於師資有限、缺乏助教，小班教學的理想一時難以到位。

　　座談中，大家一致認為，要實現通識教育理想，現有條件和狀況不容樂觀。不過，經長期努力，取得的成績還是有目共睹。比如，胡顯章教授提到，清華在進行教育模式的轉移方面取得了一些成效，清華較為重視如何發動學生參與，打破原來的「衛生課」狀態，使學生由被動變為學習的主體。我們由其後彭林、孫明君二位教授談開設通識課的經驗了解到，兩位教授開設的課程恰恰都貫穿了胡教授所說的將課堂知識轉化為內在素質的理念。

可汲取的授課經驗

　　七年前，彭林教授由北京師範大學調往清華大學，在北師大時，他從來沒聽說過文化素質課這個概念，到清華後，由於張豈之教授熱心提倡，彭教授形容當時的感覺是「耳目一新」。因當時他所在的研究所毋需開課，彭教授開始構思面向全校學生開課。當時面向全校的文化素質課側重思想史，於是他決定講先秦史。為了令枯燥內容變生動，考慮到先秦時期文物較多，遂決定從「物質文明」入手，以文物為切入點吸引學生，開設「文物精品與文化中國」課。彭教授始料未及的是，這門課其後獲評為「國家級精品課」，深受學生歡迎，屢次開課，次次爆滿，人數最多時達到一學期800人選修，甚至有學生旁聽兩遍以上。

　　彭教授的課之所以受歡迎，源於他曾認真地思考過科目如何構思、要體現怎樣的理念，以及從內容到形式都經過了精心設計。他總結說，自己花了相當多的時間做課件（教學軟件）。彭教授的課以

課堂講授為主，輔以課後閱讀，每學期還會安排學生到歷史博物館、河南安陽及鄰近北京的考古工地進行實地考察。在實地考察過程中，學生將課堂上講授的內容與實際結合，普遍感受到中國文化的震撼力。

彭教授在開課過程中體會到，所開科目一定要有深層理念，但這種理念不是講出來，而是想辦法讓學生自己體會出來。比如，「文物精品與文化中國」一課的理念之一是「文化自尊」。通過學習，要讓學生切身體會到並不是「西方甚麼都好，中國甚麼都不好」。從選修人數、學生在作業中表達的情感，以及之後的其他學習成果看，都表明這門課的效果不錯，說明理念滲透到學生的思想，影響了相當一部分學生。

在教學方法方面，彭教授認為，開課時要重視學科前沿，多學科交叉，內容要新，課要生動、好聽。講課要有層次、有深度。要採取學生喜聞樂見的形式，將學生融入課堂教學的氛圍中。適當的時候可提問，學生答不出便會變得比較主動。另外，上課時老師要有情感，要重視人與人的交流。彭教授的課不僅注重課堂的互動，也重視同學的參與，比如，他給同學佈置了這樣一個題目：「介紹自己家鄉的一件文物」。這項作業鼓勵學生動手找資料，來自不同地區的學生可自由組合，交流各自的鄉土文化，這便利於學生打開思路。由於學生帶著濃厚的興趣完成作業，在製作簡報（PowerPoint）時非常花心思，於是充分調動了學生的積極性。

同樣是人文通識課，孫明君教授在「中國古代詩歌欣賞」一科也下了不少功夫。這門課孫教授已開了二十多個學期。每學期講授16周，共32學時。由於時間有限，聽課對象也不同，不能再沿用開設專業課的做法。孫教授於是立足於通識科的目標，對整門課重新構思。據孫教授介紹，內容方面，這門課包括介紹中國古代詩歌的流

變（線）、古代詩人處於流變中的哪一點，並將所要介紹的詩歌按人與人、人與社會、人與自然分為三大類，每類下又分小類。整門科目嘗試涉及基本知識、前沿知識、文化素質三方面問題，亦嘗試通過品詩令學生了解儒、道、佛三家風格，並達到審美享受。教學形式方面，重視各種類型的討論，小的討論隨時在課堂上進行，每學期組織一次大討論，佔兩學時，比如專門討論《長恨歌》。此外，網上還設有自由討論區，討論區分三個欄目：「聽課有感」、「課外思考」、「個人詩詞創作」，這種形式鼓勵學生於課堂外踴躍發表看法與作品。為令科目有趣、好聽，孫教授不僅製作了精美的簡報，還製作「立體詩」，即將圖片、音樂、朗誦相結合，做到繪聲繪色。科目要求方面，孫教授強調學生須在課外閱讀經典，期終要交兩篇讀書報告。

在聽過彭林教授和孫明君教授介紹經驗後，大家一致認為，要將通識課講得既生動又有內容，且兼顧深度，著實不易。然而，這恰是通識科目努力的方向。事實上，不論內地大學，抑或香港的大學，能真正達到上述目標的通識科目並不多。一門課能否貫穿通識教育理念，對老師提出了甚高要求，包括老師要有使命感、有熱情，並投入相當的時間和精力。其次，老師還要具備深厚的修養。通識課以融會貫通為特徵，惟具有廣博的視野，才能將通識的關懷融入教學。所謂「言傳身教」，對大學生而言，老師的一言一行往往最具感染力，有時產生的影響難以估量。彭林教授曾談到，一些學生在修讀過他的科目後，確實在思想與行為上發生了諸多令人鼓舞的轉變，這些轉變對老師是激勵，也說明通識教育的目的不只在傳達知識，更在塑造人格。

文化素質教育第二課堂的建設

除通識課程外，清華文化素質教育第二課堂也發展得多姿多彩。對比而言，通識課程主要由學校主導規劃；第二課堂中，學生的參與度相對較高，許多組織和活動都是學生自行發起和籌備，學校給予相應的輔助與支援。程鋼教授介紹了人文知識競賽和水木書苑的情況。人文知識競賽屬年度性活動，至今已舉辦七屆，吸引了全校各系的學生踴躍參與。水木書苑走課外社團路線，鼓勵學生閱讀經典，活動包括定期小範圍聚會研讀經典，假期由老師帶領學生與其他院校的學生一起到歷史上著名的書院交流、舉辦活動等。

定位於業餘型學習社團，第二課堂的角色是對大學教育中專業比重過高的反撥。第二課堂講求知行合一，鼓勵學生將知識內化為智慧。[2] 第二課堂的發展，説明學生中有一些自發的力量，有求知的渴望。只要學校給予充分支持，第二課堂將成為通識課程之外的有益補充。

在考察清華大學的文化素質教育後，我們有如下總結：

首先，回應時代需要，經歷多年發展，針對大學自身特點和遇到的具體問題，清華的文化素質教育在不斷進行調整，總體朝有系統、有建制的方向進步。從選修課到系統規劃後的十大課組，以及目前的核心課程，反映清華文化素質教育的目標愈來愈清晰。雖然在此過程中，問題不斷湧現，但對問題的思考與回應恰恰為改革文化素質教育指明了方向。清華建設通識課過程中浮現的問題，如理念認同、課程規劃、專業課與通識課的矛盾等，均極具代表性，是各大學發展通識教育過程中普遍面對的問題。要克服上述問題，需根據大學自身特點，不斷探索，才能找出行之有效的方法。

2　程鋼：〈激活古代人文傳統，開拓人文實踐教育新領域〉，《新清華》，2005年10月20日。

其次，清華的大部分院系屬理工商科，院系眾多，嘗試在全校範圍規劃通識課，難度極大。此階段，針對理工商科學生的迫切需要，將建設通識課首先定位於以人文社會科學範疇為主的核心課程，不失為良策。

第三，清華對通識課教師的鼓勵與支持政策值得學習。當代研究型大學以科研成果為主要考核標準，而教學與行政事務又佔據了老師們相當多的時間，能夠兼顧科研與教學殊非易事，更遑論花更多精力於教學上。在這一現實基礎上，大學必須以實際行動支持、鼓勵教學。清華的通識課獲評為國家級或北京市精品課，其中固然有老師自身的努力，某種程度上而言，學校的支持和鼓勵亦相當重要。

北京大學的通選課與元培計劃

北京大學（以下簡稱「北大」）是內地大學開展文化素質教育的先導者。通選課和元培計劃可謂北大實踐文化素質教育的兩大重點。6月15日，在北大元培計劃管理委員會辦公室，元培計劃管理委員會執行副主任、教務部副部長金頂兵博士介紹了北大通選課情況，元培計劃執行主任朱慶之教授向我們介紹了北大元培計劃的具體情況。此外，參加座談的還有本科教學發展戰略研究小組召集人牛大勇教授、元培計劃管理委員會執行副主任張庭芳教授、教務部教學辦公室主任何山老師、元培計劃辦公室主任劉亞平老師，以及老教授調研組的幾位成員。

通選課的發展

通選課是北大實踐文化素質教育的重要一環。北大在2000年9月正式推出通選課。通選課分五個基本領域：(A) 數學與自然科

學；(B) 社會科學 (經濟學、政治學、法學、社會學、管理學)；(C) 哲學與心理學；(D) 歷史學；(E) 語言學、文學與藝術。學校規定全校本科生均要在所屬學科外的四範疇科目中修讀16學分，且在每個領域至少選修2學分，E領域至少選修4學分，其中須有1門藝術類科目。獲得人文社會科學類學位的學生在A領域至少選修4學分。

　　通選課由公共選修課發展而來，目前先由院系申報，之後由專家審查通過後開設。座談中，我們了解到，北大對開設通選課有一定的鼓勵措施，如規定開一門通選課，補貼老師2,000元人民幣用於教學活動。此外，北大也通過各種途徑調研通選課的問題，做到及時發現問題，及時研究改善策略。例如，早於1996年成立了老教授調研組，調研組成員由十幾位退休教授組成，他們分別來自文、理、社會科學等學科。調研組的主要工作是每學期設定觀察重點，組員每週聽4節課，之後作匯報、研討，研討並不限於課上問題，聽課的目的也不在於評價老師，而是觀察教學中的問題。一旦發現問題，即與學校有關部門溝通。通過這種方式，有效地解決了許多問題。

元培計劃的成果與挑戰

　　與通選課幾乎同步進行，且密切相關的，是元培計劃。朱慶之教授向我們介紹了元培計劃的背景和醞釀過程。

　　元培計劃的實施背景，是近年來包括建設通選課在內的一系列教學改革。首先，北大在二十世紀八十年代後期，針對1952年全國院系調整後過分專業化的人才培養模式，提出了「加強基礎，淡化專業，因材施教，分流培養」的十六字方針。以此方針為導向引發了一系列在課程設置、專業內部的調整改造和各院系自行管理等方面的改革。

其次，元培計劃是北大本科發展戰略研究小組成立後，探索醞釀出的新型人才培養模式。其中主要的契機是1998年的「985計劃」，即國家建設世界一流大學計劃。為配合這一計劃，北大成立了新教務部，積極構思以國外大學為藍本的教學改革，其後緊接著又於1999年成立了本科發展戰略研究小組，該小組在教務部指導下，集中了數十位北大熱衷教學改革的老師。成立本科發展戰略研究小組的目的，在於探討學校在新世紀和建設一流大學計劃中的教育教學改革的思路和方向。進入2000年後，北大本科教育隨之發生了幾方面轉變，一是以學生為中心制定政策。建立粗線條的教學管理平台，讓老師和學生有充分發展；其二，確立本科在高等教育中的基礎教育地位，實行「低年級通識教育，高年級寬口徑專業教育」。為配合新的教育理念，教學管理方面也設計了兩大變化，一為自由選課、實現真正的學分制；二為自由選擇專業。這兩個轉變成了元培計劃的兩大主要支點。

為了實施這個計劃，2001年9月元培計劃管理委員會正式成立，開設元培計劃實驗班，進行新的人才培養模式實踐。

概括而言，元培計劃實驗班在學習和生活上的主要制度安排是：(1) 低年級實施通識教育。學生入學時不分專業，只按文理兩類招生。入學後，在低年級主要學習通識教育選修課和學科大類平台課。(2) 自主選擇課程和專業。學生根據自身特點和興趣，在教學計劃和導師指導下，在對自身特點、北大的學科狀況、專業設置、培養目標以及其他情況有所了解後，選擇進一步學習的專業領域。一般在第二學期末，由學生提出專業意向申請，第三學期末確定最終的專業方向，之後學生在有關院系選課，修學各專業教學計劃規定的專業必修課和任意選修課。(3) 學分制。學生根據教學計劃和導師指導修滿規定的學分即可畢業。實行彈性學制可在三至六年內

完成學業。(4) 導師制。學校從各院系聘請資深教授作導師，指導學生的選課、選專業、學習內容及方法、研究方向。(5) 管理和生活制度上的設計和安排。學生在高年級進入專業後仍保持原有行政班級，統一由元培計劃管理委員會管理，不同專業的學生混合居住，為不同學科學生的相互交流和學習創造條件。[3]

無可否認，元培計劃是一種進步的教育模式。誠如張庭芳教授所言，元培計劃使學生通過選課來體驗日後的專業方向，計劃在尊重學生意願方面有進步。此外，元培計劃的實施還推動了全校範圍內一些相應的改革。比如：學校按照元培計劃的基本理念，通過點面結合、逐步推進的方式推動全校範圍內的教學內容、教學方法和教材的改革，調整教學計劃；推動公共課程自由選課制；著手研究本科教育和研究生教育的關係與銜接；研究實行學分制後如何更有效地進行學生思想政治和生活管理工作。[4]其中一項主要的變化是，受元培計劃實驗班（「小元培」）的啟發，院系從 2003 年開始實行「大元培」，具體做法是，全校大部分院系都實行按院系或者學科大類招生。考生按院系填報志願，按院系錄取。學生被錄取後，進入相應

3　〈北京大學元培計劃及元培學院簡介〉，2009 年 4 月 16 日，http://edu.sina.com.cn/gaokao/2009-04-16/1840196224.shtml。

4　同上註。具體改革包括：(1) 2002–2003 年全面修訂本科教學計劃，將畢業總學分數由 150 學分壓縮到 140 學分以內，將必修課學分數壓縮到總學分的 60% 以內，取消限制性選課，增加學生自由選課和選擇專業的空間；增加 16 個通識教育通選課學分的要求，實踐通識教育理念。(2) 建設 320 門本科生素質教育通選課，為低年級普遍實行通識教育準備師資和課程。(3) 全校公共課打破過去按專業班級統一排課的固定模式，在大力改革教學內容的同時，實行新的學習制度：在保證必修課性質不變的前提下，由學生根據自己的不同情況選擇學習的時間和課堂；有關院系在教學計劃指導下，根據學生選課的情況開課。公共政治理論課、思想品德課、體育課、文科計算機課、大學英語課先後開始，逐步推行，目前全校公共必修課大部分都實現了自由選擇上課時間和課堂。(4) 對本科生全面實行導師制。

院系，先學習通選課及這個學科的共同基礎課，經過一年、兩年或者三年的基礎課學習後，進行分流，由學生根據自己的興趣自主選擇學習的專業。[5]

　　既屬實驗性，在執行過程中，元培計劃也難免遇到難題。可以說，元培計劃的兩大優勢均面臨衝擊。問題首先出現在與元培計劃緊密配合的通選課。目前大家對通選課到底應該是甚麼樣的課，以及現有課程能否體現通選課理念等問題存在很大爭議。此外，老師的觀念、知識背景和開課態度，以及助教制度的缺失和班級規模過大都直接影響了通選課的效果。由於元培計劃的目標是實現通識教育，而通選課是實現通識教育的主要途徑，通選課對元培計劃的影響是可想而知的。此外，由於制度上的限制，元培計劃的優勢之一──自由選課、學分制──未能徹底貫徹。表明現有的課程管理機制未能滿足元培班學生的實際需要。

　　雖然元培計劃的實施並非一帆風順。但元培計劃遇到的一些不易解決的難題並不能說明元培計劃本身是不值得提倡的，恰恰相反，已經有愈來愈多的人認識到這種培養模式的優越性。歷屆收生情況也反映元培計劃甚受家長和同學認同，樹立了一定的威信。這證明元培計劃的理念是可取的，只是理念之實現，需要制度上的配合。

　　總體而言，北大以務實態度、循序漸進地實踐通識教育，取得了一定成效。具體表現在通選課體系已有明確規劃，並有具體舉措適時作出檢討。可以說從課程體系、建制、行政安排方面已初具一套可依循的系統。相信沿這種思路，北大通選課定會逐漸進入良性發展。我們由座談感覺到北大目前面臨的問題，主要還是集中在制度方面。換言之，通選課被引入大學教育，需要一套新制度配合。

5　同上註。

要有所改變，一要靠人的觀念改變，即是説，學校的領導層要有改變的決心與魄力，學校之下的各院系也要重視並配合；二要考慮操作上的可行性。對一個囊括眾多專業院系的綜合大學而言，有時哪怕是微小的改變也可能牽一髮而動全身。配合通識教育的改革，可能並非增加新的制度或規定那麼簡單，它還可能涉及到改變某些部門的職能，設立新的職能部門，或改變舊有的利益分配方式等等。因此，改革是在平衡各方面矛盾基礎上做出的審慎之舉，這是發展通識教育的必經階段。

復旦學院的新進展

6月22日，我們到訪復旦學院，了解學院的組織架構與運作，並與院長熊思東教授、學院黨總支書記李鈞教授、副院長高效江教授、黨總支副書記張惲老師，以及負責學院行政工作的龔萬里老師、負責學生工作的許平等老師交流，座談後我們參觀了學院下屬四個書院的學生宿舍。

熊思東教授向我們介紹了復旦學院成立近一年來的情況，並分析了目前復旦學院具備的優勢和面臨的挑戰。他説，復旦大學培養人才的主導思想是做到基礎扎實、口徑寬泛。前期的本科教育教學改革在於不斷完善學分制、自由選課制和轉專業制度等。此外，也提倡從校院層次及學系層次對每個專業的培養規格加以定位。

復旦學院的成立，標誌著復旦大學推進通識教育進入新階段。概括而言，這一新型培養模式有如下諸特點。

首先，復旦學院負責全校本科一年級和部分二年級學生[6]的教育教學管理工作。由2005年起，每屆本科生將先進入復旦學院學習生

6　臨床醫學系八年制的本科生需在復旦學院學習生活兩年，比其他專業本科生多修讀一年通識教育課程。

活一至二年，之後再加入所屬院系接受專業教育。又據近日有關復旦學院的報導，2006年開始，有289名通過復旦自主選拔錄取的學生將不帶專業入學，與其他已確定專業的本科生一起，在復旦學院接受一年的通識教育，一年後再確定專業方向。[7]

其次，復旦學院沒有自己的教師，但有科目設置權。目前的新體制下，本科課程劃分為三部分，一為綜合教育課程，包括政治課、英文、體育、軍事等科目，以及通識教育核心課程。核心課程的規劃，力求體現復旦價值，為學生提供能夠幫助其形成基本的人文修養、思想視野和精神感悟的科目。核心課程分六大模塊，包括文史經典與文化傳承、哲學智慧與批判性思維、文明對話與世界視野、科技進步與科學精神、生態環境與生命關懷、藝術創作與審美體驗。2006級本科生將成為第一屆選修核心課程的學生；二為文理基礎課程，設置人文、法政、經管、數學、自然科學、技術科學和醫學七組基礎科目；三為專業教育課程。

在上述三部分課程中，與復旦學院直接相關的是通識教育核心課程，核心課程的規劃由復旦學院主導，並與學校教務處協調制定，但具體科目由各院系提供。為規劃合理的課程體系，還設有專業小組，負責設計和評估六大模塊課程。此外，在計算工作量方面，規定教授通識課所計工作量比開設院系科目所計工作量要大。

第三，在學生生活方面，學院借鑒了哈佛大學、耶魯大學等世界一流大學「住宿學院」的做法，承續中國書院文化傳統，建成以復

7　「自主選拔錄取」指學生不通過全國高等學校統一考試(高考)，而是各大學根據各自的特點設計選拔程式，錄取學生。目前「自主選拔錄取」試點僅在為數不多的全國重點大學(如復旦大學、上海交通大學等)實行，有資格報考的學生也有地區限制，並未推廣至全國所有大學和所有考生。此外，2006年復旦大學招收的新生分三大類，第一類按專業錄取；第二類按大類錄取，如文史類、經管類等；第三類即自主招生錄取的學生，既不按專業，也不按大類。

旦歷史上德高望重的老校長名字命名的志德、騰飛、克卿、任重四
個書院。2005年，3,700多名不同專業、不同學科、不同地域的新生
一入學就被最大限度地混合重組，編成42個班級，入住四大書院，
每個書院都擁有各自的院徽、院訓、院服、活動場地。各書院積極
組織課外的通識綜合教育系列計劃，包括「大學導航」、「學養拓
展」、「公民教養」和「知識補習」計劃。

　　最後，為長期支援通識教育的發展，復旦大學還於2005年11
月成立了通識教育研究中心，研究中心彙聚了復旦學院、教務部、
復旦大學高等教育研究所等各方面力量，旨在對本科通識教育改革
實踐進行戰略性研究，並加以決策諮詢。

元培計劃與復旦學院的比較

　　成立復旦學院，在中國高等教育界引起了很大反響。可以說，
此次復旦改革幅度之大，是多年來內地高等教育界所未有。尤其是
在內地眾多大學剛剛開始接觸通識教育，對通識教育模式仍感陌生
的時候，復旦大學率先實行本科一年級以通識教育為主，這一改革
引起社會多方面關注是可想而知的。考生與家長們關注這一新的教
育模式能否充分發掘學生潛力，培養出健全、適應性強的人才；內
地其他兄弟院校亦關心復旦學院今後的發展，並對照自身情況研討
是否要朝復旦學院的方向改革。總體而言，各方對復旦學院的新型
教育模式持肯定態度。與此同時，亦有學者表示好奇、疑慮。了解
內地大學體制的學者很自然地會將復旦學院與北大元培計劃加以對
比。對比之下，提出如下問題：復旦學院與元培計劃都是努力實踐
通識教育的新模式，元培計劃至今已實施五年，但一直屬小範圍實
驗性質，為何已實施多年的元培計劃仍未能得到推廣？北大校方對
此計劃究竟有哪些方面的保留？從所涉範圍而言，復旦大學的改革

顯然比元培計劃更進一步，按這一趨勢，通識教育將逐漸擴展到歷屆學生。那麼，復旦大學又是在具備了哪些條件的基礎上進行改革的呢？僅就我們此次訪問的見聞恐怕難以對這些問題給予完滿解答，但仍願就已掌握的情況發表些粗淺之見。

復旦學院與元培計劃分享了許多共同點，其中最重要的，是它們都以通識教育為核心理念。其次，二者均以建設學分制和完善通識課程體系為實現通識教育的重點舉措。二者的不同之處在於，復旦學院的大部分學生在入學前已經確定了專業方向，元培班的學生入學時未有專業方向，在修讀一至兩年課程後自主選擇專業方向；復旦學院的學生在大學一年級或二年級基本由學院管理，二至四年級回歸所屬院系，元培班學生的學籍始終由元培計劃辦公室管理，學生在四年中與院系的接觸相對較少。

此外，復旦大學與北京大學在實踐通識教育過程中的策略亦略有不同。復旦未經過小範圍實驗階段，直接將通識教育推廣至全部學生。北京大學則以元培計劃和全校性的通選課並行發展為特色。在元培計劃積累了一定經驗後，院系開始嘗試推行「大元培」計劃，即按院系招生，低年級按學部大類培養。從培養模式來看，雖然院系的「大元培」仍屬於舊體制之內，但院系的「大元培」是在對學校的「小元培」（即元培計劃實驗班）有所借鑑的基礎上發展而來的。這說明元培計劃對引發全校性的教育改革有重要意義。

對比過程中，我們發現兩所大學有各自的考慮。在舊有行政體制、院系系統基礎上，很難將本科生培養徹底轉變為國外的文理學院模式，復旦學院的策略或許正是出於此種考慮，學生有二至三年的時間在各自院系受教育，這一限度不會影響學生的專業教育，應在院系的容忍範圍之內。元培計劃屬實驗性質，由元培計劃辦公室全權負責管理工作，院系僅是科目的提供者，因此，學生與各院系的關係略顯疏離。這一形式與傳統方式差距較大，易造成院系不重

視元培計劃。因為元培班學生不屬院系管理範圍，難以說服院系為照顧這些學生的需要制定配套措施。可見，雖然從所涉範圍看，復旦學院的規模大、改革的聲勢也大，元培計劃的規模較小，但就二者對配套制度的要求而言，實現元培計劃實際上要比復旦學院需要具備更多條件。或許正因此，北大堅持採取漸進式的教學改革，在小範圍實踐元培計劃。

　　無論復旦學院，抑或元培計劃，都面臨如何處理與院系間的關係問題。中國內地和香港的經驗不約而同地顯示，在發展通識教育與院系發展專業教育之間存在著緊張。說服院系積極開設高質量的通識教育科目有難度。其次，增加學生修讀通識科目的學分，勢必會減少專業教育比重，又或者改變院系對學生的管理權，這樣的改革都不易為院系接受。成立復旦學院並非表明復旦大學已成功地解決了上述問題，復旦校方毫不諱言調和復旦學院與院系的關係是大問題。據我們觀察，復旦能勇敢地跨出第一步，與復旦校級領導的堅定支持關係密切。由校方主導的改革有助於局面的展開，接下來復旦學院將面臨更為具體的操作性議題，如各部門間的協調、課程的規劃、實行助教制等。相信要逐步完善各項措施，健全體制，並從觀念上有所扭轉，形成重視通識教育的文化，均尚需時日。

　　在上海的幾日，我們曾遇到一位復旦學院學生，當時我們問她，復旦學院與以往的培養方式最大的分別在哪裡？她回答說，感受最深的是書院制為來自不同院系的同學提供了共同交流的空間。通過了解各自領域，她學會多角度看問題，了解其他同學的專業後，也激發她產生了多方面興趣。另外，由於從學時和內容上壓縮了原有的政治課，他們有更多機會接觸各領域知識。雖然她還未必能理解這種安排的用意所在，但顯然她對復旦學院的培養模式非常擁護，這說明復旦學院的發展趨勢是符合學生發展需要的。

訪問的印證

教育部提倡文化素質教育已逾十年，十年來的發展趨勢，是越來越受重視。教育部不斷發佈相關的指導、規劃性政策，也不斷適時檢討過往經驗。2006年6月16日，教育部高等學校文化素質教育指導委員會主任委員會在清華大學舉行會議，總結出當前文化素質教育存在的三大問題：第一，對文化素質教育的誤解。文件指出文化素質教育既是一種教育思想，也是一種教育模式。有學校領導以為文化素質教育就是開展校園文化活動，是嚴重誤解。第二，深層次的理論問題還有待深入研究。這些問題包括：文化素質教育與通識教育的關係，文化素質教育與思想品德教育的關係，以及文化素質教育與專業教育的關係等。第三，進一步加強文化素質教育的制度建設。包括儘快起草並頒佈新批基地的建設條例，加強對首批基地的督導和評估，加強與推進文化素質教育的課程和教材建設等。[8]可以說，這些結論與我們觀察所得極相吻合。

我們看到，很大程度上，各高校所選擇的文化素質教育模式因應他們各自對文化素質教育理解的不同而存在差異。有的重視課程體系的規劃，有的重視第二課堂的建設，有的將兩者結合，還有新教育模式的實踐。基本上他們是從各自對政策的理解、辦學理念、實際條件和需要出發，設置學制和課程。雖然前期探索過程中確實產生了一些問題，但其實這些問題恰從一個側面反映了目前中國高校教育存在的問題。可以說，前期探索為尋找文化素質教育發展改革提供了可借鑒經驗。

8　〈教育部高等學校文化素質教育指導委員會2006年主任委員會議紀要〉，《高等學校文化素質教育通訊》，第2期（2006），頁6–7。

在教育部大力倡導下，文化素質教育已成為高校教育改革的一個方向，各高校都確實有一些老師在很認真地探索和實踐。綜合各大學實施文化素質教育的現況，可見文化素質教育受學生擁護是不爭的事實，問題是在理念、機制和課程內容設置等方面仍存在一些問題。

理念方面主要存在兩方面問題。一為對理念的理解、認識不足。許多老師及同學對文化素質教育課的理解，還停留在概論課、擴大知識面的課、二等課、營養課階段。由於沒有清晰的文化素質教育理念，所以部分課程體系顯得較為混亂。即使課程體系有規劃，也是簡單地將以往的選修課抽出一部分，歸為文化素質教育課，而未能深入研究素質教育理念為何，以及如何建設課程才能充分反映文化素質教育的理念。其次，理念認同仍是大問題。文化素質教育在本科教育中的地位往往被忽視，造成實踐時阻力大、問題多。阻力可能來自多方面，如學校領導層不重視，未能給予有力支持；又如院系的對抗；文化素質教育與專業教育的矛盾極為突出等等。

除理念方面的問題外，缺乏制度保障是內地推行文化素質教育的嚴重問題。推行文化素質教育亟需一套合理可行的制度，包括成立統籌文化素質教育的專責部門並明確其他相關部門的職責。目前國內大學的情況不一，課程規劃和管理，有的由教務部負責，有的由文化素質教育基地負責。單純由教務部負責課程規劃存在一定的問題，因為教務部屬行政部門，而規劃合理的課程體系需要有學術背景為依託。在此情況下，成立負責檢討課程體系和課程質量的委員會，實屬必需。另外，由於內地大學部門眾多，實施文化素質教育牽涉廣，必須有合作精神才能成功。實際上，一個完善的制度牽涉甚廣。比如，要求校方保證充足穩定的資源投入、在老師和同學

間加強文化素質教育的認識與宣傳、激勵教師投入文化素質教育教學、提升文化素質教育課質量等等。因此，制度的建構還需長期積累和鞏固。

最後，各大學依從各自情況和特徵開展文化素質教育既有優點，又存在弊端。弊端主要表現在各校從理念到具體措施都各自為政，院校間缺乏足夠的交流與借鏡，未能形成從理論到實踐的良好討論氛圍。因此，內地大學若能形成一定的機制來定期進行整合分析，有意識地建立長期合作交流關係，便能加速經驗的積累和推進文化素質教育建設的成效。

我們回到香港中文大學後，曾在通識教育研究中心舉辦的「通識午餐聚會」上向校內通識科老師和參與大學通識教育管理的同事報告此次訪問情況。同事們很高興能有機會了解到內地大學的最新發展，大家一致肯定內地大學所取得的成績，對照自檢，認為內地大學的一些經驗值得借鏡。我們相信，這樣的交流無論對香港中文大學，抑或對內地大學而言，都是極為有益的。

通識教育當前論述的初步分析
—— *Journal of General Education (JGE)* 個案研究（2004–2009）[*]

與陳緯樑合著^{**}

引言

通識教育的地位，在美國的高等教育界曾經歷大起大落。有時候通識教育是大學本科教育不可或缺的一環，但又有些時候，通識教育卻被視為可有可無的點綴品。二十世紀九十年代以來，通識教育的重要性再一次被美國的高等教育界及公眾所確認，[1]通識教育的研究受到熱切關注。[2]本文嘗試應用內容分析 (content analysis) 研究法，分析在 2004 年至 2009 年間發表於美國 *Journal of General Education* (*JGE*) 的論文，以梳理出當前有關通識教育研究的主要議題。

本文首先介紹是次研究方法的程序及細節，再報告研究結果，最後討論研究結果對香港大專院校發展通識教育的啟示。

---

* 　原載於《大學通識》，第 7 期（2012 年 6 月），頁 153–176。

** 　陳緯樑，香港中文大學鄭承峰通識教育研究中心前任副研究員。

1 　梁美儀：〈從自由教育到通識教育：大學理念的轉變與承傳〉，《大學通識報》，第 4 期（2008 年 6 月），頁 61–62。

2 　Damon Kent Johnson, "General Education 2000 — A National Survey: How General Education Changed between 1989 and 2000" (Unpublished PhD diss., Pennsylvania State University, 2002).

研究方法

內容分析研究法是社會科學領域中常用的研究方法之一，是指依據科學方法（確保分析的客觀性、信度檢驗、效度檢驗、普適性探討、假設檢驗等）對研究對象進行總結性定量分析，且這種分析並不受研究對象的性質、產生背景與表達方式限制）。[3]

就本研究而言，研究對象是指發表於學術期刊有關通識教育的論文。研究者首先擬定研究問題及研究對象，並界定資料搜集的範圍；然後有系統地搜集相關的資料，並根據研究問題將資料整理、分類及編碼，建立樣本數據集（sample dataset）。

根據質化研究的扎根理論（grounded theory），[4]研究者沒有預設的理論假設，而是直接從原始資料中歸納出概念和命題，然後上升到理論。[5]研究小組[6]成員首先仔細閱讀所有搜集到的論文，再由研究小組中兩位成員細心地將論文作初步分類，當兩人對論文的編碼出現分歧時，則就該論文的主題分類進行深入討論，直至雙方對論文的類別達成共識為止。完成編碼工作後，研究小組將數據以列表方式整理，記錄每一篇論文的作者、題目及討論議題，並記錄相應的分類編碼。[7]

3　Kimberly A. Neuendorf, *The Content Analysis Guidebook* (Thousand Oaks, CA: Sage, 2002), 10.

4　有關扎根理論的基本原則與程序，可參考 Barney G. Glaser and Anselm L. Strauss, *The Discovery of Grounded Theory: Strategies for Qualitative Research* (New York, NY: Aldine, 1967); Juliet Corbin and Anselm Strauss, *Basics of Qualitative Research: Techniques and Procedures for Developing Grounded Theory* (Los Angeles, CA: Sage, 2008)。

5　Anselm L. Strauss, *Qualitative Analysis for Social Scientists* (Cambridge, England: Cambridge University Press, 1987).

6　本研究為鄭承峰通識教育研究中心其中一個研究項目，由張燦輝策劃，陳緯樑負責執行，助理計劃協調員鄧兆瑜協助搜集資料。本報告由陳緯樑撰寫。

7　Brooks R. Vostal, Charles A. Hughes, Kathy L. Ruhl, Elizabeth Benedek-Wood, and Douglas D. Dexter, "A Content Analysis of Learning Disabilities Research & Practice: 1991–2007," *Learning Disabilities Research & Practice* 23, no. 4 (2008): 184–193.

研究樣本

本研究分析的資料樣本由發表於 *JGE* 的論文構成。在籌備整個研究時，研究小組曾審視一系列有關教育研究的西方學刊，如 *American Journal of Education*、*British Journal of Educational Studies*、*Journal of Curriculum Studies*、*Journal of Higher Education*、*Journal of General Education* 等。上述的期刊均會刊登有關通識教育的論文，但僅 *JGE* 專注於討論通識教育，因此選作是次研究的對象。

2009年10月至11月，研究小組根據 Project MUSE 的網上版資料，搜集 *JGE* 於2004年至2009年10月期間所載刊的學術論文（編輯導言及書評除外），並應用上文介紹的的內容分析研究法，針對論文的內容作分析，希望藉此回應：甚麼是 *JGE* 關心的主要議題？

研究結果

論文按出版年份的分佈

2004至2009年10月間，*JGE* 共刊登了82篇論文。每年刊登的論文數目由11篇至16篇不等。由於 *JGE* 為一本定期出版的學術刊物，因此每年論文的數目大致平均（參見表1）。

表1　*JGE* 每年刊登的論文數目

	數目	百分比
2004	16	19.5
2005	13	15.9
2006	15	18.3
2007	13	15.9
2008	14	17.1
2009*	11	13.4
合計	**82**	**100.0**

註：* 統計至2009年10月

　　JGE 在本文的研究期間共出版了20期，每期刊登的論文數目由最少的3篇至9篇不等（參見表2）。*JGE*刊登論文平均為每期4.1篇。

表2　*JGE*每期刊登的論文數目

	數目	百分比
53卷，第1期	4	4.9
53卷，第2期	3	3.7
53卷，第3及4期（合刊）	9	11.0
54卷，第1期	4	4.9
54卷，第2期	5	6.1
54卷，第3期	4	4.9
54卷，第4期	4	4.9
55卷，第1期	3	3.7
55卷，第2期	3	3.7
55卷，第3及4期（合刊）	5	6.1
56卷，第1期	4	4.9
56卷，第2期	5	6.1
56卷，第3及4期（合刊）	4	4.9
57卷，第1期	4	4.9
57卷，第2期	4	4.9
57卷，第3期	3	3.7
57卷，第4期	3	3.7
58卷，第1期	4	4.9
58卷，第2期	3	3.7
58卷，第3期	4	4.9
合計	**82**	**100.0**

論文議題的總體分佈

搜集到的論文經過審視後，研究小組共歸納出四個不同的議題類別：「通識教學」(teaching and learning)、「評鑑」(assessment)、「課程安排」(curriculum and programme) 及「學習成果」(learning outcome)。詳述如下：

「通識教學」類別的論文主要針對通識課程的教學範疇，例如：老師及學生在個別通識科目的教授與學習經驗、個別教學法的設計及成效、提升課程教學的不同方法，以及通識教學研究的理論模型、方法及成果等，如"Improving Classroom Discussion: A Rhetorical Approach"。[8]

「評鑑」類別的論文涉及的題目包括：個別評鑑方法的成效、通識課程或個別通識領域評鑑計劃的設計與施行，以及其背後的邏輯及原則。部分論文則為個案研究，專注討論個別院校通識課程或個別通識科目的評鑑計劃，如"General Education Assessment within the Disciplines"。[9]

「課程安排」的論文主要針對的題目有：通識課程的理念和構成元素、設計通識課程與科目的相關原則，以及有關通識課程改革的個案研究，如"Collegiality and Culture: General Education Curriculum Reform at Western Protestant University"。[10]

8　Kristine S. Bruss, "Improving Classroom Discussion: A Rhetorical Approach," *The Journal of General Education* 58, no. 1 (2009): 28–46.

9　Dougals J. Eder, "General Education Assessment within the Disciplines," *The Journal of General Education* 53, no. 2 (2004): 135–157.

10　Gregory Dubrow, "Collegiality and Culture: General Education Curriculum Reform at Western Protestant University," *The Journal of General Education* 53, no. 2 (2004): 107–134.

　　「學習成果」的論文討論焦點為達到某種學習成果的方法，如
"Critical Thinking Dispositions as an Outcome of Undergraduate Education"。[11]

　　表3列出四個議題類別的論文分佈。其中佔最高百分比的論文
議題是「通識教學」，而「評鑑」和「課程安排」的論文百分比相約；
「學習成果」的論文百分比則較其他三個議題低。在搜集到的論文之
中，有8篇論文不能歸類到上述四個議題中的任何類別。在這8篇論
文中，有4篇關於大學生的學術表現；2篇關於市場對大學生態的影
響；1篇關於學生對通識教育的態度；1篇關於通識教育的理念
（詳見附表）。接下來筆者就上述四個主要議題包含的子議題作進一
步論述。

表3　*JGE* 論文的題目分佈

	數目	百分比
通識教學	28	34.1
課程安排	20	24.4
評鑑	18	22.0
學習成果	8	9.8
其他	8	9.8
合計	**82**	**100**

通識教學的研究焦點分佈

　　細分之後，研究者發現「通識教學」類別中半數的論文都是關於
「通識教學研究」（study on teaching and learning）。在樣本中，以理論
或實證研究為討論焦點的論文共有14篇。另一個重要題目是教授不

11　Nancy Lampert, "Critical Thinking Dispositions as an Outcome of
　　Undergraduate Education," *The Journal of General Education* 56, no. 1 (2007):
　　17–33.

同通識學科的所採用的「教學法」(pedagogy)，討論包括：不同教學法的理論模型、通識課堂施行新教學活動的實驗和成效、通識教學引進新科技的安排。然而，這個類別只有1篇論文討論作者個人的通識教學經驗。這顯示出，當前有關通識教學的討論的取向已趨向學術化，個人教學經驗的色彩相對淡薄（見表4）。

表4　「通識教學」類別中論文的題目分佈

	數目	百分比
通識教學研究	14	50.0
教學法	13	46.4
通識教學經驗	1	3.6
合計	**28**	**100.0**

課程安排的研究焦點分佈

「課程安排」類別的論文包含兩個較重要的關注點，分別是通識課程的設計與改革（見表5）。由於通識教育的課程範圍並沒有明確的界線，因此如何釐訂通識教育課程經常成為爭議之所在。與「課程設計」(curriculum design) 相關的論文，主要就構成一個完整的通識課程的元素進行討論，主要包括：課程的目標、內容及特定的學習策略。

在7篇有關「課程改革」的論文中，2篇集中探討通識課程改革的過程及機制；其餘5篇則是學者在不同院校參與通識課程改革的經驗分享。由於各個院校對甚麼才是恰當的通識課程素來沒有明確的共識，因此，每當院校嘗試改革既有的通識課程時，教職員對改革的措施每每抱持懷疑、質詢、甚至對抗的態度。總結不同院校改革通識課程的經驗，加以學習，對其他準備或現正進行改革的院校有一定的參考價值。剩餘5篇的論文則是關於通識課程性質的一般性探討，以及通識課程中某些具體通識科目的設計。

表5 「課程安排」類別中論文的題目分佈

	數目	百分比
通識課程設計	8	40.0
通識課程改革	7	35.0
通識科目設計	3	15.0
通識課程性質	2	10.0
合計	**20**	**100.0**

評鑑的研究焦點分佈

評鑑是近年來通識教育一個重要的關注點。[12]這是因為不論政府官員、學者以至一般社會大眾,均關注大學教育及其中的通識教育的學習成效,而評鑑正是衡量學生學習成效的重要工具。在*JGE*有關「評鑑」的論文中,大部分論文都關注評鑑的方法,涉及的子議題主要有:探討如何制訂評鑑計劃、個別評鑑方法在量度通識教育成果的原則與成效,以及如何提升個別評鑑方法成效的策略。

評鑑類別的其他論文基本屬於「個案研究」,包括在個別院校施行評鑑計劃的研究報告,針對個別通識學科的評鑑方法或評量準則等(見表6)。

表6 「評鑑」類別的論文題目分佈

	數目	百分比
評鑑的方法	13	72.2
個案研究	5	27.8
合計	**18**	**100.0**

12　Mary J. Allen, *Assessing General Education Programs* (Bolton, MA: Anker, 2006); Marilee J. Bresciani, ed., *Assessing Student Learning in General Education: Good Practice Case Studies* (Bolton, MA: Anker, 2007).

學習成果的研究焦點分析

有關「學習成果」的論文關注焦點比較集中，均著眼於如何改善個別學習成果，涉及的因素包括課程設計、教學法及學生的知識論取向 (epistemological orientations) 等。

討論與反省

研究小組通過對一本大學通識教育的主流學術期刊中論文主題的分析發現，*JGE* 自 2004 年至 2009 年 10 月發表的 82 篇論文主要包括四個主要議題，分別是：「通識教學」、「課程安排」、「評鑑」及「學習成果」。

這四個主要議題中，包含論文數目最多的議題是「通識教學」，這部分論文主要討論通識教學研究的成果和有關教學法的反省；只有一篇有關通識教學的個人經驗分享。通識教學不僅是個別通識教師的經驗與意見，更是學術探索和反省的領域，而這也呼應了整體學術社群中「教與學的學術成就」(Scholarship of Teaching and Learning, SoTL) 的發展，或可視為此運動的延伸。

舒爾文 (Lee S. Shulman) 在 *Teaching as Community Property*[13] 一文指出，把個別教師的教學經驗轉化為整個教學社群的資產，關鍵在於應用系統化的研究方法，探索與大學教學相關的課題。胡貝爾 (Mary Taylor Huber) 和柏特 (Pat Hutchings) 進一步指出，「教與學的學術成就」的目標在嚴謹的學理及實證的基礎上建構教學研究，從而推演出

13　Lee S. Shulman, "Teaching as Community Property: Putting an End to Pedagogical Solitude," *Teaching as Community Property: Essays on Higher Education*. San Francisco, CA: Jossey-Bass, 2004), 139–144.

與實踐相關的討論，以貢獻當前高等教育的發展。[14]而麥金尼
(Kathleen McKinney) 則將「教與學的學術研究」定義為「讓公眾接觸
到有關大學教學的系統性反省與研究」。[15]從搜集到的論文看來，通
識教學研究正朝向「教與學的學術研究」的目標發展。

　　對香港的通識教育學者及教師來說，重視「教與學的學術研究」
可能是個新的學術研究路向。當前本地對通識教育的討論主要環繞
通識教育的一般理念與原則、相應的課程設計及建立通識課程的行
政安排等範疇。如果通識教師將他們的教學經驗有系統地整理起
來，讓其他參與通識教育的同事觀摩參考，那將是十分有價值的資
料。當然，若有關教學的研究在學術上能夠獲得更多認同，將吸引
更多學者和教員參與通識教學研究的工作，從而提升專業及通識學
科的教學質素。

　　「課程安排」是另一個JGE作者關心的議題。然而通識教育沒有
一套通用的模式，讓所有院校依循。通常而言，不同院校的教職員
根據所屬院校的大學及通識教育理念、再加上對實際處境的考慮，
來發展及改良院校的通識教育。因此，不同院校營辦通識教育的經
驗便是很寶貴的資源，讓其他院校有所參考。在是次論文樣本中，
很多研究都圍繞不同院校在課程改革與設計方面的具體個案展開。
JGE的選擇顯示出這些個案的重要參考價值。對於大學通識教育仍
處於起步階段的華語地區來說，這些經驗彌足珍貴。筆者建議在華
語地區推動大學的通識教育同工能夠效法西方的做法，分享更多營
辦通識教育的經驗，提供借鑒互相參考，從而獲得啟發。

14　Mary Taylor Huber and Pat Hutchings, *The Advancement of Learning: Building
　　the Teaching Commons* (San Francisco, CA: Jossey-Bass, 2005).

15　Kathleen McKinney, "Attitudinal and Structural Factors Contributing to
　　Challenges in the Work of Scholarship of Teaching and Learning," *New
　　Directions for Institutional Research* 129 (2006): 38.

在「評鑑」與「學習成果」兩個範疇的論文中，不少學者都通過以事實證據為本的研究（evidence-based studies）來討論課題，例如探討具成效的評鑑方法或如何達致個別的學習成果。這種建基於事實證據的討論取向，正好切合在「通識教學」中提及的「教與學的學術研究」所提倡的目標。從更宏觀的角度來看，這種新取向透過有系統的研究支持、學術社群的互相砥礪，有助將通識教學提升至更專業的水平。

研究限制

不可否認，本研究仍存在一些方法上的限制。

首先，本研究的論文編碼由研究小組兩位成員共同完成。然而，儘管編碼員在編碼過程非常小心地閱讀及分析所有論文，整體的信度仍有改善的空間。如果在編碼程序正式開始前，研究小組先進行小樣本的先導研究（pre-test），對論文的細節有更仔細的分辨，則可令整個研究的信度有所提高。

其次，本研究僅選取一本期刊所發表的論文作為研究對象，雖然 *JGE* 是國際知名、論述通識教育的平台。然而，沒有任何一本學術刊物可以涵蓋所有相關的討論，正如在文首提到，尚有很多研究教育的學術刊物可供通識教育學者發表與交流。如果希望得到更為廣泛、更有代表性的分析，則需把發表於其他學術刊物的論文一併搜集分析。考慮到上述兩個方法論方面的限制，筆者認為本研究只算是非常初步的探討，所得結論仍需經過進一步的驗證。

總結

　　本文以2004年至2009年10月發表於 *JGE* 的學術文章為研究對象，應用內容分析研究法，梳理當前學術界針對通識教育的主要議題。研究發現，學者有關大學通識教育的學術論文主要環繞「通識教學」、「評鑑」、「課程安排」及「學習成果」四個範疇展開，論文探討往往以理論或實證研究為基礎，不僅僅是教師個人的經驗或感受的分享，這種取向一方面可以強化通識教育研究的學術基礎，另一方面更可令通識教育研究的成果成為學術社群的共同資產，讓不同地區的通識教育工作者互相砥礪，有助將通識教學提升至更專業的水平。最後，我們亦交代了本研究在方法和樣本上的限制。本研究只是非常初步的觀察，可作日後對通識教育領域更深入分析的起步點。

附表　本研究論文樣本的詳細資料

1.　通識教育

個案編號	題目	作者	年份	期數
2	Ethical Guidelines for Use of Student Work: Moving from Teaching's Invisibility to Inquiry's Visibility in the Scholarship of Teaching and Learning	Mary E. Burman and Audrey Kleinsasser	2004	Vol. 53, no. 1
9	Exploring the Application of a Developmental Model of Intercultural Sensitivity to a General Education Curriculum on Diversity	Sandra L. Mahoney and Jon F. Schamber	2004	Vol. 53, nos. 3 & 4
10	Integrating Information Literacy in Lower- and Upper-Level Courses: Developing Scalable Models for Higher Education	Thomas P. Mackey and Trudi E. Jacobson	2004	Vol. 53, nos. 3 & 4
13	The Integrative Listening Model: An Approach to Teaching and Learning Listening	Kathy Thompson, et al.	2004	Vol. 53, nos. 3 & 4
20	The Grace of Revision, the Profit of "Unconscious Cerebration"; Or What Happened When Teaching the Canon Became Child's Play	Anne Dalke	2005	Vol. 54, no. 1
21	Extending Inquiry-Based Learning to Include Original Experimentation	Susan Wyatt	2005	Vol. 54, no. 2
23	Ideology, Life Practices, and Pop Culture: So Why Is This Called Writing Class?	Karen Fitts	2005	Vol. 54, no. 2
24	Motivation to Learn in General Education Programs	Shawn M. Glynn, Lori Price Aultman and Ashley M. Owens	2005	Vol. 54, no. 2
26	A Comparison of the Impact of Two Liberal Arts General Education Core Curricula on Student Humanitarian Values	Michael C. Hollway	2005	Vol. 54, no. 3

個案編號	題目	作者	年份	期數
27	A Discourse-Based Theory of Interdisciplinary Connections	Rebecca S. Nowacek	2005	Vol. 54, no. 3
29	Reconsidering Learning Communities: Expanding the Discourse by Challenging the Discourse	Susan Talburt and Deron Boyles	2005	Vol. 54, no. 3
30	A Pedagogy of Force: Faculty Perspectives of Critical Thinking Capacity in Undergraduate Students	Mark D. Halx and L. Earle Reybold	2006	Vol. 54, no. 4
33	Undergraduate College Students, Laptop Computers, and Lifelong Learning	Chong Leng Tan and John S. Morris	2006	Vol. 54, no. 4
36	What Are You Thinking? Postsecondary Student Think-Alouds of Scientific and Quantitative Reasoning Items	Amy D. Thelk and Emily R. Hoole	2006	Vol. 55, no. 1
38	Grouped Out? Undergraduates' Default Strategies for Participating in Multiple Small Groups	Diane Gillespie, Sally Rosamond and Elizabeth Thomas	2006	Vol. 55, no. 2
40	Brief Daily Writing Activities and Performance on Major Multiple-Choice Exams	Harley C. Turner, et al.	2006	Vol. 55, nos. 3 & 4
44	Supporting First-Year Writing Development Online	Kerri-Lee Krause	2006	Vol. 55, nos. 3 & 4
48	The Return of Practice to Higher Education: Resolution of a Paradox	Joseph A. Raelin	2007	Vol. 56, no. 1
51	Classroom Research in a General Education Course: Exploring Implications through an Investigation of the Sophomore Slump	Steven E. Gump	2007	Vol. 56, no. 2
53	Linked Psychology and Writing Courses across the Curriculum	Kima Cargill and Beth Kalikoff	2007	Vol. 56, no. 2
58	Learning, Reflection, and Electronic Portfolios: Stepping toward an Assessment Practice	William H. Rickards, et al.	2008	Vol. 57, no. 1

個案編號	題目	作者	年份	期數
59	Preparing High School Students for College-Level Writing: Using ePortfolio to Support a Successful Transition	Stephen R. Acker and Kay Halasek	2008	Vol. 57, no. 1
60	Reflection, Revision, and Assessment in First-Year Composition ePortfolios	Christy Desmet, et al.	2008	Vol. 57, no. 1
61	Universities as Responsive Learning Organizations through Competency-Based Assessment with Electronic Portfolios	Darren Cambridge	2008	Vol. 57, no. 1
62	Epistemologies of the Sciences, Humanities, and Social Sciences: Liberal Arts Students' Perceptions	Rose M. Marra and Betsy Palmer	2008	Vol. 57, no. 2
70	Flow Writing in the Liberal Arts Core and across the Disciplines: A Vehicle for Confronting and Transforming Academic Disengagement	Deanne Gute and Gary Gute	2008	Vol. 57, no. 4
72	Improving Classroom Discussion: A Rhetorical Approach	Kristine S. Bruss	2009	Vol. 58, no. 1
77	Reform in Undergraduate Science, Technology, Engineering, and Mathematics: The Classroom Context	Frances K. Stage and Jillian Kinzie	2009	Vol. 58, no. 2

2. 課程安排

個案編號	題目	作者	年份	期數
5	Collegiality and Culture: General Education Curriculum Reform at Western Protestant University	Greg Dubrow	2004	Vol. 53, no. 2
7	Institutional Change as Scholarly Work: General Education Reform at Portland State University	Mary Kathryn Tetreault and Terrel Rhodes	2004	Vol. 53, no. 2
11	Oral Communication across the Curriculum: What's a Small College to Do? Report of a Collaborative Pilot by Theatre and Education Faculty	Ellie Friedland	2004	Vol. 53, nos. 3 & 4
12	Ten Essentials for Character Education	Thomas M. Rivers	2004	Vol. 53, nos. 3 & 4
14	The Teaching of Ethics in Christian Higher Education: An Examination of General Education Requirements	Perry L. Glanzer, et al.	2004	Vol. 53, nos. 3 & 4
16	Experiential Education in a Knowledge-Based Economy: Is it Time to Reexamine the Liberal Arts?	Veronica Donahue DiConti	2004	Vol. 53, nos. 3 & 4
17	General Education Reform as Organizational Change: The Importance of Integrating Cultural and Structural Change	Susan M. Awbrey	2005	Vol. 54, no. 1
18	History, Self-Awareness, and the Core Curriculum	Thomas Rodgers	2005	Vol. 54, no. 1
28	Promoting Transfer of Learning: Connecting General Education Courses	Ruth Benander and Robin Lightner	2005	Vol. 54, no. 3
31	A Proposal for Optional Common Curricula at Liberal Arts Colleges	Jeff Nesteruk	2006	Vol. 54, no. 4
35	The Rationale and Challenge for the Integration of Science Studies in the Revision of General Education Curricula	Christy Hammer and Val. Dusek	2006	Vol. 55, no. 1
41	Curricular Wars	Susan Steele	2006	Vol. 55, nos. 3 & 4

個案編號	題目	作者	年份	期數
43	Stand-Alone Versus Integrated Critical Thinking Courses	Donald L. Hatcher	2006	Vol. 55, nos. 3 & 4
45	Coherence in General Education: A Historical Look	Kenneth Boning	2007	Vol. 56, no. 1
47	Reinventing the Core: Community, Dialogue, and Change	Adele Pittendrigh	2007	Vol. 56, no. 1
57	Revising General Education: Assessing a Critical Thinking Instructional Model in the Basic Communication Course	Joseph P. Mazer, Stephen K. Hunt and Jeffrey H. Kuznekoff	2007	Vol. 56, nos. 3 & 4
64	Making Health Happen on Campus: A Review of a Required General Education Health Course	Craig M. Becker, et al.	2008	Vol. 57, no. 2
71	It's Alive! The Life Span of an Interdisciplinary Course in the Humanities	Tom Drake, et al.	2008	Vol. 57, no. 4
74	Introducing a Culture of Civility in First-Year College Classes	Robert J. Connelly	2009	Vol. 58, no. 1
76	"Making Connections" at The University of North Carolina: Moving toward a Global Curriculum at a Flagship Research University	Jay M. Smith and Julia Kruse	2009	Vol. 58, no. 2

3. 評鑑

個案編號	題目	作者	年份	期數
1	An Assessment of General Education Mathematics Courses via Examination of Student Expectations and Performance	George R. Barnes, Patricia B. Cerrito, and Inessa Levi	2004	Vol. 53, no. 1
3	Making Sense of the "Loose Baggy Monster": Assessing Learning in a General Education Program Is a Whale of a Task	Martha Marinara, Kuppalapalle Vajravelu, and Denise L. Young	2004	Vol. 53, no. 1
6	General Education Assessment Within the Disciplines	Douglas J. Eder	2004	Vol. 53, no. 2
8	Curricular Aims: Assessment of a University Capstone Course	Randy Brooks, Jodi Benton-Kupper and Deborah Slayton	2004	Vol. 53, nos. 3 & 4
25	Synopsis of the Use of Course-Embedded Assessment in a Medium Sized Public University's General Education Program	Helen Gerretson and Emily Golson	2005	Vol. 54, no. 2
37	Assessing and Improving the Quality of Group Critical Thinking Exhibited in the Final Projects of Collaborative Learning Groups	Jon F. Schamber and Sandra L. Mahoney	2006	Vol. 55, no. 2
49	Assessing the Art of Craft	Richard A. Gale and Lloyd Bond	2007	Vol. 56, no. 2
50	Attitude Changes of Undergraduate University Students in General Education Courses	Mark W. Anderson, et al.	2007	Vol. 56, no. 2
52	Developing an Integrated Strategy for Information Literacy Assessment in General Education	Thomas P. Mackey and Trudi E. Jacobson	2007	Vol. 56, no. 2

個案 編號	題目	作者	年份	期數
55	General Education Courses at the University of Botswana: Application of the Theory of Reasoned Action in Measuring Course Outcomes	Deepti Garg and Ajay K. Garg	2007	Vol. 56, nos. 3 & 4
63	Investigating Differences Between Low- and High-Stakes Test Performance on a General Education Exam	James S. Cole and Steven J. Osterlind	2008	Vol. 57, no. 2
66	Arts and Humanities General Education Assessment: A Qualitative Approach to Developing Program Objectives	Jilliam N. Joe, J. Christine Harmes and Carol L. Barry	2008	Vol. 57, no. 3
67	The Effects of Reporting One's Gender on General Education Test Performance	Robin D. Anderson and Amy D. Thelk	2008	Vol. 57, no. 3
75	The Utility of a College Major: Do Students of Psychology Learn Discipline-Specific Knowledge?	Neva E. J. Sanders-Dewey and Stephanie A. Zaleeski	2009	Vol. 58, no. 1
79	Motivation Matters: Using the Student Opinion Scale to Make Valid Inferences About Student Performance	Amy D. Thelk, et al.	2009	Vol. 58, no. 3
80	Proctors Matter: Strategies for Increasing Examinee Effort on General Education Program Assessments	Abigail R. Lau, et al.	2009	Vol. 58, no. 3
81	Skipping the Test: Using Empirical Evidence to Inform Policy Related to Students Who Avoid Taking Low-Stakes Assessments in College	Peter J. Swerdzewski, J. Christine Harmes and Sara J. Finney	2009	Vol. 58, no. 3
82	Strategies for Managing the Problem of Unmotivated Examinees in Low-Stakes Testing Programs	Steven L. Wise	2009	Vol. 58, no. 3

4. 學習成果

個案 編號	題目	作者	年份	期數
32	General Education and Civic Engagement: An Empirical Analysis of Pedagogical Possibilities	Kim E. Spiezio, Kerrie Q. Baker and Kathleen Boland	2006	Vol. 54, no. 4
34	Measuring Outcomes of Living-Learning Programs: Examining College Environments and Student Learning and Development	Karen Kurotsuchi Inkelas, et al.	2006	Vol. 55, no. 1
46	Critical Thinking Dispositions as an Outcome of Undergraduate Education	Nancy Lampert	2007	Vol. 56, no. 1
54	Cultivating Critical Thinking: Insights from an Elite Liberal Arts College	Lisa Tsui	2007	Vol. 56, nos. 3 & 4
56	Meaning Making Inside and Outside the Academic Arena: Investigating the Contextuality of Epistemological Development in College Students	Jane Elizabeth Pizzolato	2007	Vol. 56, nos. 3 & 4
65	The Development of Political Awareness and Social Justice Citizenship Through Community-Based Learning in a First-Year General Education Seminar	Jon F. Schamber and Sandra L. Mahoney	2008	Vol. 57, no. 2
73	Interdisciplinary Curriculum and Student Outcomes: The Case of a General Education Course at a Research University	Marie-France Orillion	2009	Vol. 58, no. 1
78	What General Education Courses Contribute to Essential Learning Outcomes	Thomas F. Nelson Laird, et al.	2009	Vol. 58, no. 2

5. 其他

個案 編號	題目	作者	年份	期數
4	Psychological Versus Generic Critical Thinking as Predictors and Outcome Measures in a Large Undergraduate Human Development Course	Robert L. Williams, Renee Oliver and Susan Stockdale	2004	Vol. 53, no. 1
15	What Would Dr. Newman Say Today? (The Idea of a … College?)	John P. Nichols	2004	Vol. 53, nos. 3 & 4
19	Placement, Retention, and Success: A Longitudinal Study of Mathematics and Retention	Melanie Parker	2005	Vol. 54, no. 1
22	Higher Education in Competitive Markets: Literature on Organizational Decline and Turnaround	David A. Paul	2005	Vol. 54, no. 2
39	Higher Placement Standards Increase Course Success but Reduce Program Completions	Eric Jacobson	2006	Vol. 55, no. 2
42	Out Out, Damned Spot: General Education in a Market-Driven Institution	Michael S. Harris	2006	Vol. 55, nos. 3 & 4
68	Achievement Goal Orientation Toward General Education Versus Overall Coursework	B. J. Miller and Donna L. Sundre	2008	Vol. 57, no. 3
69	A Comparison of an Introductory Course to SAT/ACT Scores in Predicting Student Performance	Crystale M. Marsh, et al.	2008	Vol. 57, no. 4

「通識教育叢書」編者跋

「通識教育叢書」計劃始於1999年，2004年叢書的第一本面世。

香港中文大學自1963年創校以來即重視通識教育。上世紀末，我們深感老師為設計與教授通識教育，付出的心血良多，可是教學對象僅限於中大學生，而且社會上一般對通識教育亦缺乏認識。為與社會知識大眾分享老師的教研成果，提升社會文化氛圍，大學通識教育部推出了「通識教育叢書」出版計劃。過去出版的叢書，頗獲好評。其中陳天機教授的《大自然與文化》及張燦輝教授與本人合編的《凝視死亡：死與人間的多元省思》更分別獲選入2005年和2006年「香港書展名家推介」之中。然而其後大學通識教育部為準備2012年大學從三年制改為四年制的學制改革，須負責設計和推出全新的通識教育基礎課程，無暇兼顧，叢書出版計劃因而擱置。

時至今日，第一批入學修讀四年制的新生轉眼已到畢業年。這幾年間，通識教育亦經歷了幾個重要的變化。在香港中文大學內部來說，通識教育基礎課程順利推出；這個以閱讀和討論經典為主的課程，讓學生親炙古今中外、人文與科學的經典，頗得同學認同；在大專界，各高等教育院校在大學教育資助委員會極力鼓勵下，紛紛開設或增強既有的通識教育課程；中學方面，由於新學制高中課程增設了必修必考的通識教育科目，一批老師接受了教授通識的培

訓，而學生則從中四開始，就必須修讀關注時事、著重研討的通識科；社會大眾亦因中學學制的改革，對通識教育產生了前所未有的關注。對於熱心推動通識教育的教育工作者來說，這些都是可喜的發展。當然，中學的通識教育科與大學推行的通識教育，理念不盡相同，而不同大學的通識教育的設計，亦各具特色。但不同的通識課程共通之處，在於以擴闊學生視野、提升學生思考與自主學習能力為目標。理想的通識教育幫助學習者走出狹小單一的學科視野，讓他們對不同的知識和價值系統有基本理解，明白不同的真理準則，因而更能慎思明辨，不盲從權威，恰當地運用自主，作明智選擇與取捨。

我們在2015年重新啟動通識教育叢書的出版，是希望將通識教育的學習延續於課堂以外，讓社會上對通識教育有更多、更真切的認識。在通識教育叢書出版的書籍包括各種不同的學科題材，但它們承載的並不是寫得較為顯淺的專門學科知識。叢書是各位作者運用自己的學科專長，思考社會、人生、知識等大問題後作出有洞見的綜合。我們期望，通識教育叢書對培養具有開放心靈，對世界、對學問好奇，對於知識有渴求的廿一世紀公民，能有點滴貢獻。

2016年通識教育叢書能再度刊行，首先感謝參與寫作計劃的各位通識老師，不吝將教研思考心得與讀者分享。朱明中、伍美琴兩位教授和甘琦社長在百忙中擔任編輯委員會審閱寫作計劃的繁重工作；王淑英、石丹理、周敬流、邵鵬柱、張燦輝、潘偉賢諸位教授顧問對出版計劃鼎力支持；沈祖堯校長為新出版的一輯叢書作序；香港中文大學出版社在出版事務上專業的支援，本人謹在此致以由衷的感謝。

梁美儀　識

2016年6月3日